CLASSIQUES LAROUSSE

Collection fondée en
con
LÉON LEJEALLE (1949 à 1968
Agrég

STENDHAL

LA CHARTREUSE
DE PARME

extraits

I

avec une Notice biographique, une Notice historique et littéraire,
des Notes explicatives, une Documentation thématique,
des Jugements, un Questionnaire et des Sujets de devoirs,

par

PIERRETTE BOURDANTON-NEAUD
Diplômée d'Études supérieures

LIBRAIRIE LAROUSSE

17, rue du Montparnasse, 75298 PARIS

RÉSUMÉ CHRONOLOGIQUE
DE LA VIE DE STENDHAL
1783-1842

1783 — **Naissance, à Grenoble,** le 23 janvier, d'**Henri Beyle,** qui prendra, en littérature, le nom de **Stendhal.**

1790 — Mort d'Henriette Gagnon, mère d'Henri Beyle.

1792 — L'abbé Raillane devient précepteur du jeune Henri Beyle, qui, toute sa vie, gardera un horrible souvenir de ce « noir coquin ».

1796 — Henri Beyle entre à l'école centrale (établissement d'enseignement secondaire) de Grenoble.

1798 — Il remporte, à l'école centrale, le premier prix de belles-lettres.

1799 — A la même école centrale, Henri Beyle remporte, cette fois, le premier prix de mathématiques. Il gardera toujours autant d'amour pour les mathématiques (qui parleront à sa raison) que pour les beaux-arts (qui parleront à son cœur). — A la fin de l'année, il quitte Grenoble pour Paris, où il s'installe chez Noël Daru, cousin germain de son grand-père. Mais **il ne tente pas d'entrer à l'École polytechnique,** bien que ce soit le prétexte de ce voyage à Paris : il rêve maintenant d'écrire pour le théâtre.

1800 — Au début de mai, Henri Beyle, protégé par Daru, rejoint un régiment de dragons et, à l'âge de 17 ans, passe le Grand-Saint-Bernard avec l'armée d'Italie. **Baptême du feu** au défilé de Bard. A Milan, il découvre l'Italie et le bonheur. Il se souviendra de l'accueil fait à l'armée française par les Lombards, lorsqu'il écrira le premier chapitre de *la Chartreuse de Parme* (qui se situe, lui, en 1796). En septembre, le jeune volontaire est promu sous-lieutenant de dragons.

1801 — Il est nommé aide de camp du général Michaud (1ᵉʳ février) et reste toute l'année en Italie ; il commence à tenir son *Journal* (18 avril).

1802-1805 — Revenu en France pour raisons de santé, il est en congé, puis donne sa démission d'officier (juillet 1802). Son existence se partage entre Grenoble, Paris, Marseille.

1806 — Il accompagne en Allemagne Martial Daru (fils de Noël), qui occupe un haut poste au ministère de la Guerre, et, le 27 octobre, il entre à Berlin en même temps que l'Empereur. — Il est nommé adjoint provisoire aux commissaires des guerres et prend possession de ses nouvelles fonctions à Brunswick.

1807 — Il devient adjoint titulaire aux commissaires des guerres.

1809 — Avec la Grande Armée, il séjourne en Allemagne, en Autriche et en Hongrie.

1810 — De retour à Paris, il mène une vie brillante et dissipée. Il est nommé **auditeur au Conseil d'État** (1ᵉʳ août). Longtemps, il espéra une place de préfet, qui allait sans doute lui être donnée en 1814, lorsque Napoléon abdiqua.

1812 — Il rejoint le quartier général de l'Empereur en Russie, et il séjourne à Moscou du 14 septembre au 16 octobre.

1813 — Il est intendant de la province de Sagan, en Silésie (6 juin), mais son état de santé l'oblige à rentrer en France.

1814 — **Retour à Milan** (août), où il vivra sept années, entrecoupées de plusieurs voyages en Italie et en France.

© Librairie Larousse, 1974.   ISBN 2-03-870173-3

1815 — *Lettres sur le célèbre compositeur Haydn, suivies d'une vie de Mozart,* ouvrage publié sous le nom de Louis-Alexandre-César Bombet.

1816 — Plusieurs entretiens à Milan avec lord Byron.

1817 — Il fait un **voyage à Rome** et publie deux ouvrages ayant trait à l'Italie : *Histoire de la peinture en Italie* (août) et *Rome, Naples et Florence* (septembre) ; ce dernier ouvrage est signé **pour la première fois** du pseudonyme de **Stendhal**.

1819 — Mort, à Grenoble, de Chérubin Beyle, père de l'écrivain. Les deux hommes ne se sont jamais entendus.

1821 — Devenu suspect de libéralisme au gouvernement autrichien, Stendhal décide de quitter Milan et regagne Paris. — Séjour d'un mois à Londres : par la suite, Stendhal écrira de nombreux articles pour l'*Edinburgh Review*.

1822 — **Publication de l'essai *De l'amour*.** Le livre n'aura aucun succès du vivant de l'auteur. On en vendra dix-sept exemplaires. Aujourd'hui, il est traduit dans la plupart des langues.

1823 — Publication de *Racine et Shakespeare*, brochure de critique théâtrale, dans laquelle, à l'aube du romantisme, Stendhal défend Shakespeare contre l'académisme classique. — Voyage à Florence et à Rome. — *Vie de Rossini* (novembre).

1825 — Publication de la seconde brochure intitulée *Racine et Shakespeare*, où la satire politique se mêle aux considérations littéraires. — Mort de Métilde Dembowski, la grande amie de Stendhal (1er mai).

1827 — Publication d'*Armance* (août). — Nouveau voyage en Italie à partir du mois d'août.

1828 — Arrivée à Milan dans la nuit du 31 décembre 1827 au 1er janvier 1828. Stendhal est refoulé des États autrichiens par la police ; retour à Paris.

1829 — *Promenades dans Rome* (septembre). — *Vanina Vanini* (décembre), qui prendra place dans les *Chroniques italiennes*.

1830 — Publication du roman *le Rouge et le Noir* (novembre).

1831 — Nommé, par Louis-Philippe, consul de France à Civitavecchia.

1832 — Voyages à Naples, Sienne, Florence. — Stendhal **écrit les *Souvenirs d'égotisme*** et *Une position sociale* (roman inachevé), publiés après sa mort.

1833 — Après un congé passé à Paris, Stendhal retourne à Civitavecchia. A Lyon, il rencontre George Sand et Alfred de Musset en route pour l'aventure de Venise. Il descend avec eux le Rhône jusqu'à Marseille.

1835 — Il **interrompt** la rédaction de ***Lucien Leuwen*** (publié après sa mort), pour **commencer la rédaction** de ses souvenirs de jeunesse : *Vie de Henry Brulard*.

1836-1838 — Congé passé à Paris et en France. — Publication de *Vittoria Accoramboni* et des *Cenci* (1837), qui prendront place dans les *Chroniques italiennes*, et des *Mémoires d'un touriste* (1838). — En deux mois, Stendhal **rédige *la Chartreuse de Parme*,** qui paraîtra au printemps de l'année suivante.

1840-1841 — Dernier séjour en Italie ; il rédige *Lamiel*. La santé de Stendhal est sérieusement ébranlée par une attaque d'apoplexie, le 15 mars 1841.

1842 — Nouvelle **attaque d'apoplexie**, le 22 mars, dans une **rue de Paris**. Transporté chez lui, **Stendhal meurt** le lendemain, à 2 heures du matin.

Stendhal avait quinze ans de moins que Chateaubriand, quatorze ans de moins que Napoléon ; il avait sept ans de plus que Lamartine, seize ans de plus que Balzac, dix-neuf ans de plus que Victor Hugo, vingt ans de plus que Mérimée, vingt et un ans de plus que George Sand et Sainte-Beuve, vingt-sept ans de plus que Musset.

STENDHAL ET SON TEMPS

	la vie et l'œuvre de Stendhal	le mouvement intellectuel et artistique	les événements historiques
1783	Naissance d'Henri Beyle à Grenoble (23 janvier).	Publication des *Confessions* de Jean-Jacques Rousseau (1782-1789). Kant : les *Prolégomènes*.	Fin de la guerre d'Indépendance de l'Amérique. Les Russes occupent la Crimée. Ascension en ballon de Montgolfier et de Pilâtre de Rozier.
1800	Passage du Grand-Saint-Bernard avec un régiment de dragons. Découverte et enchantement de l'Italie. Nomination de sous-lieutenant.	Germaine de Staël : *De la littérature*. Bichat :*Recherches physiologiques sur la vie et sur la mort*. Volta invente la pile électrique.	Constitution de l'an VIII : Consulat. Bataille de Marengo (14 juin). Élection de Pie VII.
1802	Beyle envoie sa démission d'officier.	Chateaubriand : *Génie du christianisme*. Cabanis : *Rapport du physique et du moral de l'homme*.	Vote de la Constitution de l'an X. Bonaparte, consul à vie.
1806	Suit les armées impériales en qualité d'adjoint aux commissaires des guerres.	Hegel : *Phénoménologie de l'esprit*. Lamarck : *Recherches sur l'organisation des corps vivants*.	Victoires d'Iéna et d'Auerstaedt, prise de Varsovie.
1809	Avec la Grande Armée, en Allemagne, en Autriche et en Hongrie.	Goethe : *les Affinités électives*. Proud'hon : *la Justice poursuivant le crime*.	Victoire de Wagram. Prise de Vienne.
1810	Auditeur au Conseil d'État.	Publication et interdiction du livre *De l'Allemagne*, de Mme de Staël.	Apogée de la puissance impériale : mariage de Napoléon et de Marie-Louise.
1812	A Moscou, avec la Grande Armée.	Byron : *le Pèlerinage de Childe Harold*. Cuvier : *Recherches sur les ossements fossiles*.	Campagne de Russie et incendie de Moscou. Pie VII à Fontainebleau.
1813	Intendant à Sagan (Silésie).	Byron : *la Fiancée d'Abydos*.	Second complot du général Malet. Bataille de Leipzig.
1814	Retour à Milan.	Chateaubriand : *De Buonaparte et des Bourbons*. Invention de la locomotive par Stephenson. Étude d'Ampère sur les atomes et les molécules.	Campagne de France. Abdication de Fontainebleau. — Première Restauration.
1817	*Histoire de la peinture en Italie* et *Rome, Naples et Florence*. Il prend le pseudonyme de « Stendhal ».	La Mennais : *Essai sur l'indifférence en matière de religion*.	Monroe, président des États-Unis.

Année	Œuvres de Stendhal		Vie littéraire et artistique	Événements historiques
1822	De l'amour.		Champollion déchiffre les hiéroglyphes. Vigny publie ses premiers poèmes. Ch. Nodier : Trilby. Schubert : Symphonie inachevée. Delacroix : la Barque de Dante.	Proclamation de l'indépendance grecque. Congrès de Vérone. Indépendance du Brésil.
1823	Racine et Shakespeare (première brochure).		Lamartine : Nouvelles Méditations. Niepce découvre le principe de la photographie.	Guerre d'Espagne (prise du Trocadéro). Déclaration de Monroe.
1825	Racine et Shakespeare (seconde brochure).		Mérimée : Théâtre de Clara Gazul. A. Thiery : Histoire de la conquête de l'Angleterre. Berlioz : Messe solennelle.	Sacre de Charles X. Lois du milliard des émigrés et loi dite « du sacrilège ».
1827	Armance.		V. Hugo : Cromwell et sa Préface. Ingres : Apothéose d'Homère. Mort de Beethoven. Querelle de Cuvier et de Geoffroy Saint-Hilaire.	Progrès de l'opposition libérale hostile à Villèle. Intervention des Alliés dans la guerre d'indépendance de la Grèce; bataille de Navarin.
1830	Le Rouge et le Noir.		Bataille d'Hernani. Lamartine : les Harmonies poétiques et religieuses. Début des Cours de philosophie positive d'Auguste Comte.	Prise d'Alger. Révolution de Juillet. Louis-Philippe devient roi des Français. Mouvements révolutionnaires en Europe.
1831	Consul de France à Civitavecchia.		V. Hugo : Notre-Dame de Paris. Balzac : la Peau de chagrin. H. Heine : Poésies.	Ministère Casimir Perier. Troubles à Lyon. Soulèvements en Italie. Répression de la révolution polonaise.
1832	Il écrit les Souvenirs d'égotisme.		Musset : Un spectacle dans un fauteuil. G. Sand : Indiana. Mort de Goethe. Corot : le Bain de Diane.	Manifestation et émeute aux funérailles du général Lamarque.
1835	Rédaction de la Vie de Henry Brulard.		V. Hugo : les Chants du crépuscule. A. de Vigny : Chatterton. A. de Musset : Nuits de mai, de décembre.	Attentat de Fieschi contre Louis-Philippe. Loi sur la presse.
1839	La Chartreuse de Parme.		Lamartine : les Recueillements. Louis Blanc : De l'organisation du travail.	Le ministère Soult succède au ministère Molé. Arrestation de Barbès et de Blanqui. Agitation chartiste en Angleterre.
1842	Mort de Stendhal, le 23 mars, à Paris.		Sortie de presse des premiers tomes de la Comédie humaine. E. Sue : les Mystères de Paris. V. Hugo : le Rhin. Aloysius Bertrand : Gaspard de la Nuit.	Protectorat français à Tahiti. Affaire Pritchard.

BIBLIOGRAPHIE SOMMAIRE

SUR STENDHAL

Henri Martineau — *Petit Dictionnaire stendhalien* (Paris, le Divan, 1948). — *Le Calendrier de Stendhal* (le Divan, 1950). — *Le Cœur de Stendhal* (Paris, Albin Michel, 2 vol., 1952-1953).

Victor del Litto — *Vie de Stendhal* (Paris, Albin Michel, 1965).

Pierre Barberis — *Sur Stendhal* (Paris, Messidor, Éd. sociales, 1983).

Béatrice Didier — *Stendhal autobiographe* (Paris, P. U. F., 1983).

SUR LE ROMANCIER ET SA CRÉATION

Maurice Bardèche — *Stendhal romancier* (Paris, la Table ronde, 1947).

Henri Martineau — *l'Œuvre de Stendhal* (Paris, Albin Michel, 1951).

G. Blin — *Stendhal et les problèmes du roman* (Paris, Corti, 1953 ; nouv. éd., 1978).

Michel Crouzet — *Stendhal et le langage* (Paris, Gallimard, 1981). — *Stendhal et l'italianité. Essai de mythologie romantique* (Paris, Corti, 1982). — *La Poétique de Stendhal* (Paris, Flammarion, 1983).

« Stendhal », numéro spécial de la revue *Europe* (juillet 1972).

SUR « LA CHARTREUSE DE PARME »

Paul Arbelet — « Balzac, Stendhal et les corrections de *la Chartreuse* » (*Revue de Paris*, 1er avril 1922).

L. Foscolo Benedetto — *La Parma di Stendhal* (Firenze, Sansoni, 1950).

Gilbert Durand — *le Décor mystique de « la Chartreuse de Parme »* (Paris, Corti, 1961).

Charles Dedeyan — *l'Italie dans l'œuvre romanesque de Stendhal* (S. E. D. E. S., 2 vol., 1963).

LA CHARTREUSE DE PARME
1839

NOTICE

CE QUI SE PASSAIT VERS 1839

■ *EN POLITIQUE. A l'intérieur : Sous Louis-Philippe, roi des Français depuis 1830, le ministère Soult a succédé au ministère Molé. Des insurrections sont suivies de répressions sanglantes. Cependant, dans le domaine politique et social, les idées progressent, même si les républicains semblent découragés. Louis Blanc publie en 1839 De l'organisation du travail. Après le soulèvement organisé par la « société des Saisons », Barbès et Blanqui sont arrêtés. Menaces également du camp bonapartiste : après avoir essayé de soulever la garnison de Strasbourg en 1856, le prince Louis Napoléon se prépare à intervenir à Boulogne, où il échoue en 1840, bien que ce soit dans le climat favorable du « retour des cendres » de Napoléon.*

A l'extérieur : Sous le long règne de Victoria, l'Angleterre connaît en 1839 l'agitation chartiste. Grégoire XVI est pape de 1831 à 1846 et règne sur les États pontificaux. Des mouvements révolutionnaires animés par Mazzini agitent l'Italie.

■ *EN LITTÉRATURE :* Lamartine publie les Recueillements *poétiques en 1839, qui suivent* la Chute d'un ange (1838). *Hugo a fait jouer* Ruy Blas *en 1838. Michelet fait paraître entre 1837 et 1843 son* Histoire de France (Moyen Age). *Pendant que Stendhal va composer et publier* la Chartreuse de Parme, *Balzac écrit les* Illusions perdues. *Gérard de Nerval, après sa rupture avec Jenny Colon, travaille à une refonte complète de Léo Burckart, qui sera représenté au théâtre de la Porte-Saint-Martin après maintes difficultés avec la censure.*

■ *DANS LES ARTS ET LES TECHNIQUES :* Musique : *Triomphe du romantisme avec comme trait principal l'individualisme, qui pousse les auteurs à exprimer avec leur personnalité les vicissitudes de leur existence. Lieder de Schumann* la Vie et l'amour d'une femme *et* les Amours du poète. *Chopin, à Valdemosa avec G. Sand, écrit son fameux prélude en ré bémol majeur. Liszt compose* Album d'un voyageur *et* Années de pèlerinage. *En 1839, Berlioz commence* Roméo et Juliette, *symphonie dramatique avec chœurs d'après la tragédie de Shakespeare. En France, cependant, c'est toujours le règne de Rossini et de l'italianisme qui influence les musiciens dramatiques. « Il signor vacarmini », que Stendhal lui-même avait surnommé « le Voltaire de la musique », inspire Auber et Halévy. En 1839, Donizetti, se voyant refuser son opéra* Polyeucte *par la censure italienne, vient habiter Paris et y donner ses plus belles réussites. A Paris également se trouve vers 1839 Wagner, qui connaît une période de détresse. Il propose à l'Opéra* le Vaisseau fantôme. *Gounod obtient en 1839 le grand prix du Conservatoire.*

En architecture et en sculpture : *Rome reste la métropole artistique, et l'académisme triomphe avec un certain goût du pastiche et du néo-gothique. A Milan, de grands travaux de style Empire sont entrepris après l'arrivée des Français.*

En peinture : *Ingres règne toujours en France. Delacroix, après un voyage au Maroc, connaît sa période orientaliste. Le réalisme se fait jour avec Courbet et Manet.*

En dessin : *L'invention de la lithographie va populariser les portraits de A. Devéria, les caricatures de Daumier ainsi que les œuvres de Gavarni et de E. Lami, qui peignent le Paris de Louis-Philippe et le Londres de Victoria. C'est également l'âge d'or de l'illustration du livre français : Tony Johannot précède Gustave Doré.*

GENÈSE ET PUBLICATION DU ROMAN

De Molé, redevenu ministre, Stendhal a obtenu un congé avec traitement qui se prolongera trois ans. Ainsi a-t-il pu quitter Civitavecchia, où les tracasseries de la police pontificale ont fait connaître à son consulat l'ennui le plus mortel et même, de son propre aveu, l'« asphyxie morale ». Après avoir repris ses habitudes parisiennes, il se voit introduit par Mérimée chez la comtesse de Montijo et se fait historien de guerre pour ses deux filles : l'une d'elles est la future impératrice Eugénie. Mais il va surtout pouvoir se livrer à son goût le plus vif : celui d'écrire. « Le vrai métier de l'animal est d'écrire un roman dans un grenier, car je préfère le plaisir d'écrire des folies à celui de porter un habit brodé qui coûte 800 francs », avait-il confié à son cousin dès 1835 depuis Civitavecchia. De 1837 à 1839, dans Paris retrouvé, Stendhal, une fois sa liberté reprise, va se montrer un écrivain infatigable. En 1837, il compose les *Mémoires d'un touriste* ainsi qu'une ébauche d'une *Vie de Napoléon*. Entre 1837 et 1839 paraissent également à intervalles successifs dans *la Revue des Deux Mondes* les nouvelles qui formeront les *Chroniques italiennes*. Aussi n'est-il pas étonnant de voir, en 1839, naître en quelques semaines cet étonnant chef-d'œuvre qu'est *la Chartreuse de Parme*. Comme le fait remarquer avec la plus grande justesse Henri Martineau dans son Introduction à *la Chartreuse* : « Ce grand roman [...] eut la singulière fortune d'être à la fois le fruit d'une lente maturation et d'une inspiration quasi subite. » Pendant le long séjour forcé que fut pour lui un consulat à Civitavecchia, Stendhal, lors de fréquents séjours à Rome, s'était montré curieux de toutes les intrigues du monde des salons où il avait été reçu. Sa *Correspondance* de l'époque révèle chez lui une finesse d'analyse de la situation politique qui aurait convenu aux dépêches d'un ambassadeur. Très renseigné sur l'évolution des idées libérales et patriotiques de l'Italie de 1830, Stendhal découvre avec ravissement dans l'Italie contemporaine la renaissance de la « virtù » de l'Italie du Moyen Age, qu'il aimait avec passion. Il se plonge fiévreusement dans les manuscrits des vieilles chroniques romaines, qu'il fait copier, y cherchant un nouveau sujet à transcrire ou à traiter. De volumineux dossiers de ces copies l'accompagneront lors de son retour à Paris vers 1836, et c'est certainement d'autres *Chroniques italiennes* — en relisant parmi celles-ci « l'Histoire de l'origine de la grandeur de la famille Farnèse » — qu'il tirera l'idée « to make of this sketch a romanzetto » l'idée de faire un roman de ce « scénario ») [note de Stendhal en marge du manuscrit, 16 août 1838]. Mais il serait vain de ne voir dans *la Chartreuse* qu'une adaptation de la chronique italienne. Sans doute, Stendhal a-t-il trouvé dans son manuscrit la trame principale du roman, puisqu'il y était déjà conté comment la belle et passionnée Vannozza Farnèse put faire, avec l'aide de son amant Roderic, de la maison Borgia, la fortune de son neveu Alexandre. Celui-ci, longtemps emprisonné au château Saint-Ange parce qu'il avait enlevé une jeune Romaine, put, nous dit-on, s'en évader et obtenir cependant le chapeau de cardinal. Enfin, après avoir mené une vie assez scandaleuse, il s'éprit d'une jeune fille noble prénommée Cléria, en eut plusieurs enfants et, toujours d'après la chronique, put tenir secrètes ses amours avec elle, qui durèrent assez longtemps. On reconnaît de toute évidence l'intrigue de *la Chartreuse*. Vannozza Farnèse, c'est la Sanseverina, et Alexandre s'identifie sans peine à son neveu Fabrice, comme Mosca à Roderic. Quant à Cléria, sans aucun doute, c'est Clélia Conti. Ainsi Stendhal, selon l'antique procédé de « contaminatio », se trouve-t-il amené à concevoir son roman à partir de la lecture de la chronique italienne. Mais les *Chroniques italiennes* qui ont précédé *la Chartreuse* ont, à leur tour, « contaminé » notre auteur : certes, celui-ci a recours aux anecdotes, qu'il puise généreusement dans les vieux manuscrits qu'il traduit et qu'il adapte. Et les textes italiens influent eux aussi sur la manière et le style de Stendhal. Ainsi nous fait remarquer Jean Prévost : « Bien des passages passionnés ou solennels obligent l'adaptateur ou l'auteur à l'éloquence. Sous le masque italien il s'y livre sans crainte et avec bonheur. » Le ton se trouve transformé ; Stendhal semble y avoir gagné « une ampleur, une ferveur soutenue qui n'est plus le ton du *Rouge* ». De même que par les thèmes que l'on y rencontre déjà, *l'Abbesse de Castro* semblait, selon la formule de J. Prévost, « une répétition générale de *la Chartreuse de Parme*... » —, de même — « de multiples exercices d'adaptation des *Chroniques italiennes* ont créé, volontairement, la manière du roman ». Mais *la Chartreuse* dépasse de beaucoup la chronique italienne : cette source du roman, en effet, ne va être que son germe. L'adaptation n'aurait pu donner qu'une nouvelle, tandis que les trois volumes de la rédaction primitive de *la Chartreuse* témoignent assez de la nature différente de l'inspiration de l'auteur. L'élaboration de ce chef-d'œuvre, somme de la vie de Stendhal, va jaillir de plusieurs chances simultanées du romancier : la rencontre avec le vieux texte n'est que l'étincelle déterminante. Stendhal, en effet, pendant son séjour parisien, va pouvoir de nouveau rêver à loisir à l'Italie qu'il vient de quitter. Et dans ses souvenirs se mêlent, si l'on peut dire, pour le Stendhal de la maturité, les souvenirs de « plusieurs Italies ». D'abord celle qu'il a connue pendant ses séjours milanais et qui garde pour lui la coloration du bonheur : émerveillement et enthousiasme napoléonien, allégresse, entrevue avec Angèle Pietragrua. N'est-ce point cette « catin sublime » que nous retrouverons sous l'apparence d'Angelina Pietranera dans *la Chartreuse ?* L'Italie, c'est aussi pour Stendhal la patrie des beaux-arts, celle de Benvenuto Cellini, celle de l'Arioste, mais surtout celle de la musique chère à son cœur. Aussi, l'idée de la transposition de l'Italie de la Chronique de la vie des Farnèse dans l'Italie du XIXᵉ siècle ne saurait nous étonner. Fondue dans le creuset de ses souvenirs, l'imagination créatrice de Stendhal va s'exercer avec la promptitude allègre de l'improvisation romanesque pour laquelle tout est préparé. L'idée de cette transposition lui est venue le 3 septembre 1838. C'est au 8 de la rue Caumartin que, du 4 novembre au 26 décembre suivant, en cinquante-deux jours, Stendhal dicte les « exaltantes aventures » de Fabrice del Dongo. Le manuscrit est remis le 24 janvier 1839 au libraire Ambroise Dupont, qui a déjà édité les *Mémoires d'un touriste*. Le livre paraît vers le début d'avril de la même année. Nous savons par le témoignage même de l'auteur que le libraire a exigé que la fin en soit écourtée, chose que Stendhal regrettera par la suite. Enfin, le 24 juin, après avoir vu accueillir favorablement mais sans éclat son dernier roman, Stendhal repart pour Civitavecchia. C'est en septembre 1840 que Balzac écrit dans sa *Revue parisienne* le fameux article, éloge de *la Chartreuse de Parme,* dont une lettre à Mᵐᵉ Hanska en date du 14 avril 1840 contenait déjà l'essentiel : « Beyle vient de publier à mon sens le plus beau livre qui ait paru depuis cinquante ans. » L'on sait combien Stendhal fut sensible à cet hommage rendu par Balzac. Il est regrettable, cependant, que l'auteur de *la Comédie humaine* ait cru bon de mêler aux éloges des conseils. Beaucoup des beautés de *la Chartreuse* ne pouvaient être comprises de Balzac, qui n'en avait apprécié en particulier ni la composition ni le style. Stendhal, heureusement, n'a pas jugé utile de sacrifier ce que, dans son ouvrage, Balzac jugeait inutile, et il renonça rapidement à « brillanter le style » malgré les essais de retouches à son ouvrage, dont l'exemplaire Chaper porte la marque. La mort devait brutalement interrompre Stendhal et nous laisser intact, ou presque, dans son premier jet, ce vivant chef-d'œuvre.

COMPOSITION ET THÈMES DU ROMAN

« Si jamais roman a ressemblé à ces souvenirs ramassés et embellis d'un homme qui s'attend à mourir, c'est bien *la Chartreuse de Parme* », déclare Jean Prévost dans son *Stendhal*. Sa marque d'inspiration trahit en effet l'écrivain mûri, maître de ses dons, recomposant sans peine ses souvenirs. Pour le Stendhal de la cinquantaine, « les difficultés d'exécution n'existent plus ». L'intrigue étant donnée dans les grandes lignes par l'ancienne chronique, l'imagination de l'auteur n'a plus qu'à broder à loisir sur le canevas primitif. Sans doute pourrait-on trouver une identité de procédé entre la composition de *la Chartreuse* et celle du *Rouge et le Noir* à partir d'une donnée première : le schéma du roman est déjà fourni ici et là. Mais la « tonalité » profonde des deux œuvres est bien différente. Quand il écrit *la Chartreuse*, Stendhal a pris ce que M. Bardèche nomme une « certaine altitude du romancier ». Loin de l'amertume hautaine du Julien Sorel, plus enjoué encore que Lucien Leuwen, Fabrice del Dongo témoigne, au cours de ses multiples aventures, d'une allégresse légère ou profonde qui fait du roman un divertissement perpétuel. L'unité de composition de l'œuvre réside dans la continuité de la biographie du héros principal qu'elle relate, depuis sa naissance, sur laquelle plane un doute que Stendhal se garde d'éclaircir (liv. I, chap. I), jusqu'à sa mort à *la Chartreuse de Parme,* qui survient au dernier chapitre du roman. L'unité de ton du roman, c'est peut-être encore le tempérament italien de Fabrice qui nous en donnera la clé. Un romancier italien contemporain, Giovanni Arpino, ne prétend-il pas qu'un Italien se définit précisément par cette « étincelle de divertissement authentique » [...] « qu'un Italien, surtout s'il est capitaine et, cela va de soi, s'il est courageux, se doit d'amuser. Chacune de ses entreprises [...] doit contenir à l'intérieur d'elle-même un minimum de hasard et de passion [...]. » Ne pourrait-on pas également appliquer ces lignes à Fabrice del Dongo et lui accorder ce trait national, peut-être ce caractère permanent de l'âme italienne, déjà décelé par Stendhal « Milanais » de cœur ?

Conviés par l'auteur de *la Chartreuse* à suivre dans leur déroulement imprévu l'imbroglio des événements qui constitue l'intrigue du roman, nous sommes entraînés, au gré de son improvisation constante, par les « inspirations soudaines » des personnages, leurs « idées folles » auxquelles, exception faite pour Mathilde de la Mole, l'auteur du *Rouge et le Noir* nous avait peu habitués. Ainsi suivrons-nous Fabrice, malgré les dangers qui le menacent, s'échappant du clocher de Grianta pour aller rendre visite à son arbre (liv. I, chap. IX) ou encore poursuivant, par point d'honneur, la Fausta sous les déguisements les plus extravagants et jusque dans les salons de sa tante, la duchesse Sanseverina (liv. I, chap. XIII). Cette dernière, également, se livre sous les yeux de Fabrice aux caprices les plus étranges et les plus extravagants, se fiant à l'inspiration du moment et ne revenant jamais sur ce qu'elle a décidé. Ce procédé de composition pourrait entraîner un enchaînement romanesque confus, où la prolifération des épisodes successifs risquerait de nuire à la rigueur de l'intrigue, si l'on ne savait reconnaître dans *la Chartreuse*, au-delà des péripéties particulières, une architecture d'ensemble s'ordonnant autour des étapes successives de la vie du héros. Né en 1796 dans cette noble société milanaise pour qui l'occupation napoléonienne a été synonyme de libération du joug autrichien, Fabrice del Dongo ne va connaître de Napoléon et de cette époque bénie que les souvenirs nostalgiques dont la légende berce son enfance grâce à sa jeune tante Gina Pietranera, bientôt devenue duchesse Sanseverina, et au comte Mosca, demi-solde, porté au rang de ministre tout-puissant du prince Ranuce-Ernest IV de Parme. A l'aube de son existence, il verra seulement le déclin de son idole, et ce n'est pas par hasard ni par surcroît que le roman prélude avec l'épisode de Waterloo. Désormais, tout rêve d'héroïsme militaire devenant impossible, Fabrice, par une destinée semblable à celle de Julien Sorel, héros du *Rouge et le Noir*, se trouve, sans vocation véritable, destiné à l'Église, même si, en Italie, peu de vœux engagent les « monsignore » aux bas violets. Mais, alors que Julien dominait l'adversité par sa froide ambition jointe à une énergie indomptable, Fabrice va se trouver le jouet des événements, auxquels il oppose une superbe indifférence : il semble même que ce soit sa tante et le comte Mosca qui se chargent de conduire ses destinées. « Enfant gâté » du destin et des êtres tout-puissants qui veillent sur lui et dont il pourrait être, à tous les sens du mot, le « fils spirituel », il ne se trouvera lui-même que lorsqu'un incident, né d'une rencontre fortuite, le conduira, pour le meurtre de l'historien Giletti, à gravir les marches de la citadelle-prison de Parme (liv. II, chap. XV). Et c'est un Fabrice profondément différent qui, après un long emprisonnement, quittera la tour Farnèse au prix d'une périlleuse évasion.

Car, pendant neuf mois de solitude dans sa haute cellule, il a reconnu que le seul bonheur de son existence était son amour avec Clélia, si peu entrevue, si passionnément attendue. C'est donc parce que la « chasse au bonheur » ne pouvait ramener Fabrice qu'entre les murs étroits de sa prison que nous l'y retrouverons, revenu de son plein gré (liv. II, chap. XXIV). Enfin, c'est dans sa cellule monacale que nous conduira le dernier épisode du roman, vers lequel, cependant, tout acheminait le lecteur averti. Il ne faut pas voir dans le titre du roman un accident ou une fantaisie de l'imagination du romancier, il faut, au contraire, suivre avec Stendhal et, mieux encore, avec son extraordinaire personnage, l'abbé Blanès, la destinée du héros, déjà déchiffrée du haut du clocher de Grianta (liv. I, chap. IX) et que les péripéties romanesques se sont chargées d'illustrer et de mener à bonne fin.

Il semble inévitable pour la Chartreuse, plus que pour toute autre œuvre stendhalienne, de parler, comme beaucoup de critiques l'ont fait, de « composition musicale » du roman. Les premiers chapitres constituent l' « ouverture » de cet ouvrage, maintes fois comparé à un « opera buffa ». Après le long chapitre « Milan en 1796 », où l'on a voulu voir plus qu'un « début », un « prologue » (M. Bardèche, op. cit.), les thèmes principaux sont indiqués. Ils seront repris au cours du roman : bonheur à Grianta, douceur bienheureuse du paysage italien, découverte ingénue des horreurs du champ de bataille, première rencontre inespérée avec Clélia, qui est une autre promesse de bonheur. L'action s'engage avec le meurtre de Giletti, et Fabrice mène une existence de fugitif avant de mener une existence de prisonnier. S'il quitte l'une, ce n'est que pour retrouver l'autre avant son ultime refuge à la Chartreuse de Parme. L'enchaînement des scènes suit chronologiquement les différents épisodes de sa vie. Peu ou pas de retours en arrière. Les personnages secondaires sont introduits avec une certaine désinvolture, dont l'auteur est pleinement conscient, au fur et à mesure que leur présence est nécessaire pour le déroulement de l'action du roman. Ainsi, la Fausta (liv. I, chap. XIII), Anetta Marini, Gonzo (liv. II, chap. XXVII) et même l'abbé Blanès (liv. I, chap. IX) entrent, puis disparaissent du roman. Cependant, des points de repère existent en quelque sorte au sein même de l'ouvrage et guident le lecteur vers l'accomplissement du destin des héros principaux. Et toujours les chapitres se succèdent en nous donnant des variations sur les thèmes de prédilection du roman. On pourrait même établir des correspondances entre le livre premier, plus mouvementé, et le livre II, plus méditatif, « correspondances quelquefois ménagées entre une même scène reprise avec un « crescendo » plus passionné d'un chapitre à l'autre ou traité au contraire sur un registre ou une tonalité différente, car la virtuosité du romancier s'exerce précisément en ces recommencements qui ne sauraient être des redites ». Sans doute, la remarque de M. Bardèche est-elle particulièrement perspicace lorsqu'il note la composition contrapuntiste de *la Chartreuse*. Selon la règle musicale, en effet, l'auteur semble, par alternance, user de « l'aria seria » ou de l'ariette bouffonne suivant qu'il donne le premier rôle au héros sublime ou au grotesque. Parfois même, les deux registres sont mêlés si les deux partitions alternent au cours d'un même chapitre, le grotesque faisant mieux ressortir le sublime, comme si l'auteur avait voulu nous montrer combien « l'héroïsme et la grandeur constituent une partition que l'on joue seul devant le carnaval des Puissants » (M. Bardèche). Ainsi en est-il de la Sanseverina devant Ranuce-Ernest (liv. II, chap. XIV) ou de Fabrice au whist du prince (liv. II, chap. XXVI). Stendhal, sans doute, a-t-il été un lecteur trop assidu de Scarron et du *Roman comique* pour qu'un courant burlesque ne se fasse pas sentir dans *la Chartreuse*. C'est également par cette tonalité bouffonne que le roman échappe à l'odieux, comme si l'auteur, en écrivant *la Chartreuse*, avait su retrouver les grâces railleuses de Mozart et de Cimarosa, qu'il admirait tant.

LA TECHNIQUE ROMANESQUE

Réalisme du décor — Personnages secondaires.

Il ne faudrait pas croire, cependant, que le décor sur lequel se détachent les personnages, cette Italie où le XVIᵉ siècle est transposé au XIXᵉ siècle, forme une toile de fond assez fantaisiste, presque une Italie d'opérette, pour emprunter l'expression de V. del Litto parlant de l'actualité de *la Chartreuse*. Car l'esthétique stendhalienne, déjà éprouvée dans *le Rouge et le Noir*, où le romancier s'est essayé à promener son héros sous la Restauration et à en faire un exemple du désenchantement de cette société française vers 1830, se retrouve dans *la Chartreuse de Parme*, qui va nous montrer aussi « la vérité, l'âpre vérité » (Danton, épigraphe du *Rouge et le Noir*, liv. I). Nous pourrions également nous référer pour *la Chartreuse* à l'épigraphe du tome II chapitre XXI du *Rouge* : « Car tout ce que je raconte je l'ai vu, et si j'ai pu me tromper en le croyant, bien certainement je ne me trompe point en vous le disant. » La qualité de la vision de l'auteur révèle en effet un souci de réalisme qui transparaît sous la fiction romanesque.

Localisé dans la petite principauté de Parme à l'époque où devait y régner Marie-Louise, le roman dépeint à travers cet « alibi » de romancier les États voisins de Modène, où, à la même époque, le souverain véritable, le duc François IV, possède bien des traits physiques et moraux ainsi qu'un « art de gouverner » qui sont ceux de Ranuce-Ernest IV dans le roman. Si la Parme romanesque présente assez de réalité concrète, elle est, par surcroît, dotée par l'auteur d'une tour Farnèse où l'on reconnaîtra l'image transparente du Spielberg ainsi que des allusions précises au château Saint-Ange à Rome. Pour décrire la vie de son prisonnier,

Stendhal s'appuie avec exactitude sur une documentation précise fournie par *Mes prisons* de Silvio Pellico, par les *Mémoires* de Benvenuto Cellini et ceux d'Andryane.

Et s'il parle de la Scala et de la vie brillante sur le Corso de Milan, point n'est besoin pour lui de documentation livresque : il peut faire appel à des souvenirs vécus issus de son expérience personnelle antérieure. C'est peut-être, d'ailleurs, ce qui donne à son évocation de Milan cette note triomphante et bienheureuse. On y sent la nostalgie de l'auteur, on y revit ses jours de bonheur transfigurés par le regret. Pour l'épisode de Waterloo, Stendhal utilise également son expérience vécue : il suffit de relire dans la *Vie de Henry Brulard* les récits du baptême de feu au défilé de Bard ou le compte rendu de la bataille de Bautzen dans son *Journal* en date du 26 mai 1814. Comme Fabrice, Henri Beyle a pu expérimenter avec dilettantisme les surprises d'un champ de bataille.

Aucun effort non plus pour Stendhal lorsqu'il suggère et ressuscite les charmes des rivages du lac de Côme, ses tempêtes, ses barques amarrées et ses saules riverains. Pareil au Rousseau de *la Nouvelle Héloïse*, Stendhal, pour situer son roman, peut déclarer : « Il me fallait un lac : je choisis celui autour duquel mon âme n'avait jamais cessé d'errer » (J.-J. Rousseau, *Confessions*).

Pour les personnages, nous retrouvons la même précision dans le détail, issue de l'observation directe, et souvent l'allusion est trop précise pour pouvoir passer inaperçue. Les personnages secondaires, vus au miroir grossissant et parfois déformant de la caricature, offrent cependant des traits fournis par la réalité : outre la ressemblance indéniable signalée entre Ranuce-Ernest IV et le duc de Modène ou le souverain de Naples Ferdinand II, nous ne pouvons ignorer celle de l'odieux Barbone avec son modèle réel (liv. II, chap. XV, note 9). Quant à Giletti et à sa bande de comédiens ambulants (liv. I, chap. XI), ils semblent davantage sortis de la réalité quotidienne de l'Italie connue de Stendhal que d'une tradition purement livresque du *Roman comique* de Scarron. Car le réalisme de l'ouvrage s'étend au-delà de l'évocation précise d'un personnage ; il semble que Stendhal nous donne aussi dans son roman un documentaire détaillé des diverses classes sociales de la société italienne, qu'il retrouve même une sorte « d'âme collective » de cette terre d'Italie saisie et décrite à travers ses « trattorie » de fortune, ses églises fumantes de cierges ou délicieuses de fraîcheur, l'enchevêtrement inextricable de ses petits États hérissés de postes de police aux commis nonchalants et irresponsables, cette Italie fourmillante de « vetturini » gouailleurs et de « mammacie » prudentes. Nous n'oublierons pas les sinuosités du Pô aux rivages bordés de saules, aux passeurs de fortune, qui n'ont pas tous comme Ludovic l'amour des belles-lettres, mais plutôt celui des sequins généreusement distribués par Fabrice (liv. I, chap. XI).

Ne faudrait-il pas voir aussi dans ce petit État où fleurit le génie de la « combinazione » la transcription d'une réalité politique — cette société née après la Sainte-Alliance — qui restitue assez bien l'atmosphère de l'Italie entre 1820 et 1830 ? Balzac saluait dans *la Chartreuse* le machiavélisme authentique et se plaisait à reconnaître Metternich en Mosca. Stendhal n'a-t-il pas pris garde, dans son « Avertissement au lecteur » — avec tant de soin que cela en paraît presque suspect —, de nous prémunir contre les rapprochements véritables et de blâmer, par convenance morale, les personnages pour qui s'exprime trop sa sympathie évidente : « C'est dans l'hiver de 1830 et à trois cents lieues de Paris que cette nouvelle fut écrite, ainsi aucune allusion aux choses de 1839 » ? Et ce serait le neveu du bon chanoine de Padoue qui aurait confié à l'auteur l'histoire de la duchesse Sanseverina : « Je vais vous donner les annales de mon oncle qui, à l'article « Parme », mentionne quelques-unes des intrigues de cette cour, du temps que la duchesse y faisait la pluie et le beau temps ; mais prenez garde ! cette histoire n'est rien moins que morale, et, maintenant que vous vous piquez de pureté évangélique en France, elle peut vous procurer le renom d'assassin. » Aussi, le romancier, qui prétend « tendre le miroir au bord du chemin », suivant la formule de Saint-Réal maintes fois reprise depuis *le Rouge et le Noir,* prend-il conscience qu'en voulant dépeindre avec exactitude une société corrompue le problème de la moralité de l'ouvrage va se poser. Si le créateur est soupçonné de complaisance à l'égard des héros principaux, qui ne ménagent ni leur cynisme, « arme de combat », ni leur morale du mépris et du refus, on ne peut lui prêter des sympathies secrètes pour les fantoches automates dont il a peuplé — mêlant le jeu cruel à la fiction ridicule — son imaginaire cour de Parme, où, beaucoup plus que Ranuce-Ernest, règne en réalité l'étonnante duchesse Sanseverina. Mais un clivage, très net dans le roman, est établi entre les grotesques, dont nous ne voyons qu'affleurer le masque grimaçant, et les êtres sublimes, qui ont la complexité et la richesse des figures vivantes.

La peinture des caractères : les personnages principaux.

Quatre créations romanesques dominent l'œuvre. Deux figures féminines : Gina del Dongo, devenue comtesse Pietranera, puis, par raison amoureuse et politique, duchesse Sanseverina et enfin comtesse Mosca, Clélia Conti, résignée, pour sauver Fabrice sans trahir son nom, à accepter d'être marquise Crescenzi, puis la Clélia « nocturne », qui recevra Fabrice jusqu'à la mort de Sandrino. Deux figures masculines s'opposent, mais aussi se complètent : Fabrice et le comte Mosca. Nous allons voir comment l'auteur les a créées à la fois à partir d'observations personnelles et de soumissions à la Chronique sur l'origine de la vie des Farnèse, mais plus encore en les enrichissant de tous ses souvenirs personnels. Il est difficile de déterminer avec précision pour chacun d'eux la légendaire « ligne de démarcation » qui doit fixer les frontières entre l'imaginaire et le réel, entre le rêve et le vécu. Stendhal, pourtant, nous avait renseignés sur sa démarche précise de romancier : « Je prends un personnage de moi bien connu, je lui laisse ses habitudes qu'il a contractées dans l'art d'aller tous les matins à la chasse au bonheur, ensuite je lui donne plus d'esprit. » La remarque de M. Bardèche complète cette vue du procédé de création reconnu par l'auteur : « Chaque personnage s'installe en touriste dans l'existence déjà vécue par un autre. » Fabrice, en effet, le héros principal, peut s'identifier à Alexandre Farnèse de la chronique italienne qui doit servir de schéma au « romanzetto » projeté pour *la Chartreuse*. De son modèle italien venu du XVIe siècle, il a gardé les instincts violents et l'énergie qui le mènent au crime comme à la passion, l'un et l'autre n'étant que la même manifestation d'une authentique « virtù » à l'italienne, que Stendhal retrouve à l'heure du Risorgimento et des carbonari dans l'Italie du XIXe siècle. Mais Fabrice, c'est également Stendhal, sinon celui que fut Henri Beyle, du moins celui qu'il aurait rêvé d'être : superbe revanche du romancier par sa création romanesque, le jeune et beau Fabrice est, plus encore que Julien Sorel et que Lucien Leuwen, paré de toutes les séductions ; comblé par la nature, comblé par la passion, il emprunte à ses origines italiennes ce rare brio, ce dilettantisme élégant qui le fait traverser, en se jouant, les épisodes les plus dangereux de son existence romanesque : heureux Fabrice qui sème des sequins sur le toit de sa prison alors qu'il s'en évade, à tel point que les gardiens, médusés, le prennent pour le diable (liv. II, chap. XXII), qui prend le temps de corriger les fautes d'orthographe des sonnets de Ludovic, même si toutes les polices des différents États sont à ses trousses (liv. I, chap. XI), qui coupe le jeune prince au whist avec une indifférence superbe (liv. II, chap. XXVI), car sa propre hiérarchie des valeurs diffère profondément des mesquineries qui agitent les courtisans médusés.

Or, si Fabrice incarne dans *la Chartreuse*, par une sorte de descendance spirituelle, le rêve de compensation de l'auteur, il n'est pas le seul héros principal à refléter les traits idéaux de Stendhal. Par une sorte de dédoublement romanesque du créateur signalée à la fois par plusieurs critiques, Stendhal se retrouve également projeté dans le personnage du comte Mosca : ce dernier, mieux que Fabrice, peut représenter pour le consul de Civitavecchia le fin politique, le personnage de premier plan qui joint tous les prestiges de l'homme mûr à un bel enthousiasme de jeunesse toujours conservé. C'est bien le héros que Stendhal aurait rêvé d'être, et c'est bien chez Mosca que nous retrouvons le mieux la fine ironie, la philosophie devant l'existence, qui sont celles de l'auteur lui-même. Amoureux lui aussi, tour à tour déçu, puis comblé, Mosca incarne par excellence la morale du héros stendhalien, maître de lui, traversant la scène avec la pleine conscience de sa « desinvoltura »

(« Je m'habille comme un personnage de comédie pour gagner un grand état de maison et quelques milliers de francs [liv. I, chap. VI]), mais toujours prêt à quitter le faîte des honneurs et se retrouvant « ivre de joie » avec un enthousiasme ironique à deux pas de la duchesse au pied de la forteresse lors de l'évasion de Fabrice (liv. II, chap. XXII). Ce personnage si prudent, ce politique garde en amour un « enthousiasme de sous-lieutenant ! » Et si, en définitive, avant la fin du roman, il a conquis, apparemment, la comtesse Mosca, n'est-ce pas parce que l'un et l'autre ont joué auprès de leur neveu Fabrice le rôle de génies tutélaires comme s'ils reportaient sur lui, comme Stendhal lui-même, une sorte de paternité « romanesque » puisque la paternité naturelle leur avait été refusée dans leur existence vécue — soit dans la réalité, soit dans le roman ?

Le personnage de la duchesse Sanseverina est d'une complexité de création plus grande encore que celle du comte Mosca. Elle s'identifie sans peine, par son rôle dans le roman, à cette Vannozza Farnèse que Stendhal a connue dans la chronique italienne qui l'inspire dès l'origine de *la Chartreuse*. Elle incarne au suprême degré cette « virtù » si chère à l'auteur et qui, d'une époque à l'autre, fait presque de la Sanseverina, comme déjà de Mathilde de La Mole dans *le Rouge et le Noir*, une créature anachronique et même hors du temps. Celle que la nature et ses destinées successives ont paré de toutes les séductions, celle qui joint à une énergie indomptable des roueries toutes féminines vivra et mourra d'une passion qu'elle n'ose s'avouer pour ce neveu dont « elle est folle ». Pour Fabrice, comme elle quitterait, elle aussi, cette brillante cour de Parme, où une décision de la princesse mère l'a faite toute-puissante ! Pour lui, le crime politique devient « vendetta » personnelle, et, lorsque, après avoir fait pour ce neveu trop chéri le dernier sacrifice, la duchesse se venge également par jalousie de sa passion pour Clélia en hâtant le mariage de celle-ci avec le marquis Crescenzi, peut-on en vouloir à cet être « sublime » ? D'ailleurs, elle ne survivra pas à Fabrice, le suivant dans la mort tout naturellement comme Mme de Rênal suit Julien. La figure de Clélia pourrait sembler un peu pâle à côté de celle de la duchesse, et, cependant, dans ces deux figures féminines il faut voir traits complémentaires plutôt que dissemblances profondes. Toutes deux incarnent chacune à leur tour une image de l'âme italienne : la Sanseverina conspiratrice redoutable, Clélia « petite sectaire du libéralisme », de l'aveu même de l'auteur, et cependant prisonnière de sa foi naïve et de son vœu à la Madone, mais toutes deux absolues dans leur passion pour Fabrice.

Sans doute est-il un peu vain, quoique fort vraisemblable, de chercher des « clés » à ces personnages principaux, de reconnaître Metternich dans Mosca, comme le voulait Balzac, ou le comte Saurau, d'identifier la Sanseverina à la fois à la princesse Belgiojoso et à Angèle Pietragrua, toutes deux amies de Stendhal, tandis que

Métilde Dembovski ou même Giulia Rinieri s'incarneraient dans Clélia, comme jadis dans Mathilde de La Mole. Il nous paraît plus véridique de déceler pas à pas, au fur et à mesure de la création romanesque, l'amalgame des souvenirs personnels et de la réalité vécue dans la composition de ces personnages, où, en définitive, le personnage principal, en bon « égotiste », est toujours Stendhal.

LA PRÉSENCE DE L'AUTEUR DANS LE ROMAN

Mais il ne faudrait pas croire que la présence de l'auteur dans son ouvrage se limite à la part importante qu'il convient de faire à l'autobiographie dans le roman. Se connaissant fort bien lui-même, Stendhal se devait de créer des héros à sa semblance. Il les a dotés par surcroît de cette faculté d'auto-analyse, de « ce pouvoir d'inquisition soupçonneuse », selon la formule de G. Blin, qu'il pratiquait à son propre égard. Comme il nous avait livré les monologues intérieurs de Julien ou de Mathilde dans *le Rouge et le Noir,* nous retrouvons, par une démarche identique de l'écrivain, ce procédé typiquement stendhalien exploité dans *la Chartreuse.* Ainsi, Mosca torturé de jalousie (liv. I, chap. XI), Fabrice méditant sur sa destinée (liv. I, chap. IX), Clélia isolée dans le salon de la duchesse (liv. II, chap. XV) endossent ce mode d'expression réflexive au style direct qui nous restitue dans le présent cette forme de « discours muet » (G. Blin).

Non content d'avoir recréé ses personnages à son image, de conduire à son gré la marche de leur destin, Stendhal intervient de façon plus directe encore dans le cours de son roman. Il se tient en tant que créateur sur cette marge étroite qui conviendrait au théâtre, au régisseur ou au metteur en scène, toujours à mi-chemin entre deux complicités, celle qui s'adresse aux acteurs et celle qui s'adresse aux lecteurs. Et, d'ailleurs, l'une rejoint l'autre dans la mesure où Stendhal prétend faire sentir librement ses sympathies et ses antipathies vis-à-vis de ses propres créations, et s'allie le lecteur jusque dans ses réactions. Tout le début du roman n'est-il pas une sorte d'immense prologue où, par sa particulière « captatio benevolentiae », l'auteur nous a amenés sensiblement à partager son point de vue et à entrer dans son jeu ? Puis, tout au long du déroulement des épisodes successifs, nous n'aurons plus qu'à relever ce que G. Blin a excellemment nommé les « intrusions d'auteur », cette « ingérence » dans le récit, qui demeure sans doute le trait le plus caractéristique de la manière de Stendhal. Ce procédé, pour être moins débridé que chez le Scarron du *Roman comique,* moins désinvolte que chez Fielding, accuse cependant tout au long de l'œuvre, à côté de Fabrice comme à côté de Tom Jones, la présence du « meneur de jeu » et établit un commerce perpétuel, « direct et familier » avec le lecteur, à qui il appartient de déceler l'ironie sous-jacente de chaque propos. Il semble donc que l'œuvre elle-même oscille toujours entre deux partis pris contradictoires et difficilement conciliables, le réalisme même limité de *la Chartreuse* se trouvant en butte à cette intervention directe de son auteur.

LE STYLE DU ROMAN

Cependant, le style d'un ouvrage est peut-être la marque la plus indélébile de la personnalité de l'auteur. C'est pour avoir mal compris sa personnalité trop originale que des contemporains de Stendhal ont blâmé son style. Hugo est sans doute le plus sévère quand, à Henri Rochefort qui lui lisait *la Chartreuse* en 1868, il déclare sans ambages : « Je ne savais pas que vous puissiez comprendre le patois. Moi qui n'ai jamais étudié le jargon de M. Stendhal, je suis incapable de vous répondre. » Le philosophe Alain, dans ses *Propos de littérature* (1942), avait bien décelé pourquoi Hugo, qui n'est que « mouvement, rythme, éloquence », ne pouvait supporter la manière d'écrire de Stendhal. Et sans doute Balzac ne l'avait pas mieux compris quand, dans son article sur *la Chartreuse,* il reproche à l'auteur la faiblesse du style : « M. Beyle est négligé, incorrect, à la manière des écrivains du dix-septième siècle [...]. » Stendhal, en effet, a gardé, pour écrire son roman, cette langue dépouillée où règne le verbe suivi du substantif et qu'il avait dû s'astreindre à adopter en s'imprégnant des lectures quotidiennes du Code civil dès son roman *le Rouge et le Noir.* Son goût du style sec est une réaction contre toute enflure romantique et un mépris souverain pour la grandiloquence. Stendhal n'a-t-il pas défini l'influence du langage sur la pensée et les sentiments lorsqu'il rapporte cette anecdote dans *la Vie de Henry Brulard* (chap. XXXII) : « Un mot ridicule ou seulement exagéré a souvent suffi pour gâter les plus belles choses pour moi ; par exemple à Wagram, à côté de la pièce de canon quand les herbes prenaient feu, ce colonel blagueur de nos amis qui dit : « C'est une bataille de géants ! » L'impression de grandeur fut irrémédiablement enlevée pour toute la journée. » On comprend dès lors combien, si prompt à intervenir par ailleurs dans son récit, l'auteur s'efface avec une pudeur d'expression sans égale lorsque la scène porterait au contraire au pathétique, au tragique ou même au lyrisme. Car les registres de *la Chartreuse* sont variés. L'œuvre débute avec l'« allegro » triomphant de l'entrée des Français à Milan et de l'hymne à Napoléon entonné dès le chapitre premier. Mais toujours une remarque ironique rompt brutalement le rythme dès que le lyrisme un peu trop apparemment affleure. Fabrice rêve au bord du lac de Côme (liv. V, chap. VIII et IX) en formulant sa pensée selon le mode rousseauiste, qui révèle un Stendhal moins ironique que l'on ne croirait, lecteur assidu et passionné des *Rêveries du promeneur solitaire* et de *la Nouvelle Héloïse.* Cette formulation dans *la Chartreuse*, où « la phrase est plus abondante et la syntaxe plus souple » que dans *le Rouge et le Noir*, ne renonce pas à l'image quand elle apparaît : « Quand son chevet avait une épine (dit-il au comte Mosca au chapitre VI), il était obligé de la briser et de l'user à force d'y piquer ses membres palpitants », et Stendhal ajoute : « Je demande pardon pour cette phrase traduite de l'italien », reconnaissant lui-même l'influence de la langue des anciennes chroniques sur son style personnel. N'emploie-t-il pas des expressions plus nombreuses au superlatif absolu, n'use-t-il pas davantage peut-être des « sublime » ou « exaltant », qui sont une façon de rendre en français la difficile traduction des abondants superlatifs de la langue de Pétrarque ? Y aurait-il une sorte de goût du « pastiche » dans le style de *la Chartreuse* ? On le croirait lorsqu'on voit la citation des sonnets modifiés par Stendhal (liv. II, chap. XXVI) ou cités dans le texte, car l'auteur ne rejette pas la phrase, l'expression ou même le terme italien : « Ladri, ladri » s'écrie Fabrice quand on lui vole son beau cheval (liv. I, chap. II). Et si, dans le salon du prince, son cœur fond devant Clélia retrouvée, ne faut-il pas transcrire en italien la phrase musicale enchanteresse « Quelle pupille tenere » ? (liv. II, chap. XXVI). Loin de donner au texte de *la Chartreuse* une fausse couleur locale parce que nous y trouvons des « buli » et des « vetturini » ou une « mammacia », nous avons davantage l'impression, avec ces rencontres inespérées du langage italien, de cette improvisation constante, qui est la marque du style de *la Chartreuse*. Le « Milanais » se laisse aller à dicter le premier terme qui s'impose à son esprit, et son style garde cette allure primesautière qui ravit André Gide (*Journal*, 1937) : « Le grand secret de Stendhal, sa grande malice, c'est d'écrire tout de suite [...]. De là, ce quelque chose d'alerte et de nu qui nous ravit toujours à neuf dans son style. On dirait que sa pensée ne prend même pas la peine de se chausser pour courir. » Peut-être doit-on même au fait que *la Chartreuse* fut dictée l'abondance des dialogues dans le roman, Stendhal romancier traduisant enfin dans la création de son texte son goût du théâtre et, plus précisément, de la « commedia dell'arte » ... L'on sent dans *la Chartreuse* une sorte de volubilité italienne dans le plaisir d'improviser, accord profond entre l'œuvre et son expression, que les exigences du libraire durent abréger. Dans la seconde partie du roman, et en particulier dans les derniers chapitres, où Stendhal fut rappelé à la nécessité de raccourcir son texte, nous retrouvons sa brièveté et sa rapidité vivaces. Le roman y a-t-il tout à fait perdu ?

« LA CHARTREUSE DE PARME » AU XXᵉ SIÈCLE

Incompris de ses contemporains, destiné par son auteur lui-même aux lecteurs de 1880, l'ouvrage ne cesse de passionner ceux du

XXe siècle. André Gide le classait en 1913 parmi les dix meilleurs romans français, à côté de *la Princesse de Clèves* et de *Madame Bovary*, même si la France ne lui paraît pas posséder le « génie » du roman. Leur « égotisme » étend la postérité des héros de *la Chartreuse* jusqu'au « culte du moi », exalté par les héros de Maurice Barrès. La critique unanime a salué dans les romans de J. Giono, le hussard, Angelo Pardi, piémontais, aristocrate, dilettante et aventureux, comme le digne émule de Fabrice dans *la Chartreuse* (*le Hussard sur le toit*, 1951 ; *Angelo*, 1958 ; *le Bonheur fou*, 1957). *Angelo*, « écrit en six jours (coupé de six nuits, dans les bourrasques desquelles les rapides éparpillaient leurs sifflets héroïques) », semble même avoir les grâces d'improvisation qui furent celles de *la Chartreuse*.

Porté à la scène en 1918 à l'Odéon par Paul Ginisty, devenu œuvre lyrique à l'Opéra en 1939 sur une musique d'Henri Sauguet, le roman de Stendhal a été également porté à l'écran en 1948 par Christian-Jaque, et il est remarquable de souligner combien l'œuvre romanesque offre de résistance à son adaptation par le septième art.

« *La Chartreuse de Parme* devient avec Christian-Jaque un roman de cape et d'épée, où les enfances disparaissent, où le grand parcours de Waterloo se résume en une réplique de Fabrice : « Je ne sais pas si j'ai vu une bataille », tandis que la longue quête du bonheur menant à trois ans de silence heureux se transforme en une nuit sentimentale. En revanche, bien des incidents, secondaires dans le roman, se trouvent développés pour leurs possibilités spectaculaires. » Car, « [...] la marche de l'écriture stendhalienne, dans la brièveté de l'analyse ou le développement des monologues intérieurs, s'immobilise menant le film en dialogues et en gestes tout explicatifs, et les paysages italiens eux-mêmes perdent de leur allégresse subjective parce qu'ils sont représentés au lieu d'être cherchés » (M. C. Rojars-Wuilleumer, *De la littérature au cinéma*). Cette confrontation du film et du roman passé à l'écran nous oblige, avec justesse, à souligner et à préciser l'art du romancier dans *la Chartreuse*. Loin de chercher à rabaisser le génie du roman, c'est à un cinéaste contemporain, B. Bertolucci, que nous emprunterons un hommage enthousiaste rendu à *la Chartreuse de Parme* à l'occasion de son film *Prima della Rivoluzione* : « Si mes personnages portent les noms de ceux de *la Chartreuse de Parme*, c'est que, dès que j'ai pensé à ce film, j'ai pensé à un film-roman, et, comme le plus grand roman jamais écrit est *la Chartreuse de Parme*, j'ai pensé donner les noms des personnages du roman à ceux de mon film comme un hommage que tous ceux qui commencent à écrire un roman devraient rendre au plus grand romancier qui ait jamais existé » (extrait de l'article de *la Revue des Deux Mondes* du 1er mars 1968, cité par la revue *Europe*, consacrée à Stendhal [juillet 1972]).

*tout le monde voit dans La Chartreuse de P.
le récit de la bataille de Waterloo. Il
semble, quand on l'a lue, qu'on vient d'a-
pprendre pour la première fois ce que
c'est qu'une bataille...* TAINE

LA CHARTREUSE DE PARME

LIVRE PREMIER

*Gia mi fur dolci inviti a empir le carte
I luoghi ameni.*

ARIOST, sat. IV [1].

CHAPITRE PREMIER

MILAN [2] EN 1796

Le 15 mai 1796, le général Bonaparte [3] fit son entrée dans
Milan à la tête de cette jeune armée qui venait de passer
le pont de Lodi, et d'apprendre au monde qu'après tant de
siècles César et Alexandre avaient un successeur. Les miracles
5 de bravoure et de génie dont l'Italie fut témoin en quelques
mois réveillèrent un peuple endormi; huit jours encore avant
l'arrivée des Français, les Milanais ne voyaient en eux qu'un
ramassis de brigands, habitués à fuir toujours devant les troupes
de Sa Majesté Impériale et Royale [4] : c'était du moins ce que

---

1. « Jadis des lieux charmants m'ont inspiré des vers » (*Satire IV*, vers 115-116).
Par cette citation liminaire de l'Arioste, Stendhal se plaît à évoquer lui-même des
lieux chers à son cœur jusque dans leurs consonances italiennes et à en faire le
cadre de son roman. Deux de ses héros, Gina et Fabrice del Dongo, citeront eux-
mêmes l'Arioste à plusieurs reprises, partageant ce goût avec les héros des *Chroniques italiennes;* 2. Le nom même de *Milan* est le symbole de la patrie d'élection
pour l'auteur de *la Chartreuse*, dont on doit rappeler l'épitaphe : « Arrigo Beyle,
Milanese », selon ses propres volontés; 3. Bonaparte vient d'être chargé par le
Directoire, selon le plan de Carnot, de l'armée d'Italie, qui devait être armée de
diversion. Or, l'armée qui se dirige vers Vienne n'essuie que des revers, tandis que
l'armée d'Italie remporte des succès prompts et éclatants, imposant du même coup
le jeune général âgé de vingt-sept ans, qui a révélé à cette occasion son génie militaire; 4. La Lombardie, d'abord possession espagnole, se trouvait sous la domination autrichienne depuis 1713.

10 leur répétait trois fois la semaine un petit journal grand comme
la main, imprimé sur du papier sale. (1)

Au moyen âge, les Lombards républicains avaient fait
preuve d'une bravoure égale à celle des Français, et ils méri-
tèrent de voir leur ville entièrement rasée par les empereurs
15 d'Allemagne. Depuis qu'ils étaient devenus de *fidèles sujets*, leur
grande affaire était d'imprimer des sonnets [5] sur de petits
mouchoirs de taffetas rose quand arrivait le mariage d'une
jeune fille appartenant à quelque famille noble ou riche. Deux
ou trois ans après cette grande époque de sa vie, cette jeune
20 fille prenait un cavalier servant : quelquefois le nom du
sigisbée [6] choisi par la famille du mari occupait une place
honorable dans le contrat de mariage. Il y avait loin de ces
mœurs efféminées aux émotions profondes que donna l'arrivée
imprévue de l'armée française. Bientôt surgirent des mœurs
25 nouvelles et passionnées. Un peuple tout entier s'aperçut, le
15 mai 1796, que tout ce qu'il avait respecté jusque-là était
souverainement ridicule et quelquefois odieux. Le départ du
dernier régiment de l'Autriche marqua la chute des idées
anciennes : exposer sa vie devint à la mode; on vit que pour être
30 heureux après des siècles de sensations affadissantes, il fallait
aimer la patrie d'un amour réel et chercher les actions héroïques.
On était plongé dans une nuit profonde par la continuation du
despotisme jaloux de Charles-Quint et de Philippe II; on ren-
versa leurs statues, et tout à coup l'on se trouva inondé de
35 lumière. Depuis une cinquantaine d'années, et à mesure que
l'*Encyclopédie* et Voltaire éclataient en France, les moines
criaient au bon peuple de Milan, qu'apprendre à lire ou
quelque chose au monde était une peine fort inutile, et qu'en
payant bien exactement la dîme à son curé, et lui racontant fidè-
40 lement tous ses petits péchés, on était à peu près sûr d'avoir une
belle place en paradis. Pour achever d'énerver [7] ce peuple autre-

---

5. Fabrice lui-même sacrifiera à cette mode (voir liv. II, chap. XXIII); 6. *Sigisbée*. Cette sorte d'amant platonique, autorisé par le mari et même encouragé
d'autant plus librement que son « emploi » est sans conséquence, excite à
maintes reprises la curiosité ou la raillerie de Stendhal, par exemple dans *Rome,
Naples et Florence*; 7. *Énerver* est employé ici par Stendhal dans son sens rigou-
reusement exact de « ôter toute force physique ou morale à quelqu'un ».

──────── QUESTIONS ────────

1. Sur quel ton débute cette ouverture? Étudiez dans le premier paragraphe l'exposé du thème de la « geste impériale ». — Montrez comment
sont déjà mêlées dans les premières lignes du roman, en contrepoint, la
voix du lyrisme et celle de l'ironie.

fois si terrible et si raisonneur, l'Autriche lui avait vendu à bon
marché le privilège de ne point fournir de recrues à son
armée. (2)

45   En 1796, l'armée milanaise se composait de vingt-quatre
faquins [8] habillés de rouge, lesquels gardaient la ville de
concert avec quatre magnifiques régiments de grenadiers
hongrois. La liberté des mœurs était extrême, mais la passion
fort rare; d'ailleurs, outre le désagrément de devoir tout
50   raconter au curé, sous peine de ruine même en ce monde, le
bon peuple de Milan était encore soumis à certaines petites
entraves monarchiques qui ne laissaient pas que d'être vexantes.
Par exemple l'archiduc [9], qui résidait à Milan et gouvernait
au nom de l'Empereur, son cousin, avait eu l'idée lucrative de
55   faire le commerce des blés. En conséquence, défense aux paysans de vendre leurs grains jusqu'à ce que Son Altesse eût
rempli ses magasins.

En mai 1796, trois jours après l'entrée des Français, un
jeune peintre en miniature, un peu fou, nommé Gros [10], célèbre
60   depuis, et qui était venu avec l'armée, entendant raconter au
grand café des *Servi* [11] (à la mode alors) les exploits de l'archiduc, qui de plus était énorme, prit la liste des glaces imprimée
en placard sur une feuille de vilain papier jaune. Sur le revers
de la feuille il dessina le gros archiduc; un soldat français lui
65   donnait un coup de baïonnette dans le ventre, et, au lieu de sang,
il en sortait une quantité de blé incroyable [12]. La chose nommée
plaisanterie ou caricature n'était pas connue en ce pays de despotisme cauteleux. Le dessin laissé par Gros sur la table du

------

8. *Faquin.* De l'italien *facchino*, le mot peut retrouver ici par ironie son sens précis
de « mannequin de bois ou de paille », tant cette armée est ridiculisée; **9.** Il s'agit
de Ferdinand d'Autriche, troisième enfant de François Ier et de Marie-Thérèse, qui,
devenu l'époux de Béatrice d'Este, fut fait gouverneur de Milan en 1771 et quitta la
ville en mai 1796; **10.** *Gros* (Antoine, baron) [1771-1835] : peintre célèbre des batailles
napoléoniennes. Il est historiquement peu certain que Gros se trouvât à Milan en
mai 1796, mais la petite histoire nous apprend, par ailleurs, qu'il fut, avant Henri
Beyle, l'amant d'Angela Pietragrua, un des modèles milanais de Gina del Dongo dans
la Chartreuse; **11.** *Ce café des « Servi »* était sans doute l'élégant café Nuovo, situé
Corsia dei Servi, devenu aujourd'hui Corso V. Emmanuele; **12.** Cette anecdote,
attestée par un historien grand lecteur de Stendhal, n'a pas été, cependant, attri-
buée à notre auteur. Elle semble être de notoriété publique.

━━━━━ QUESTIONS ━━━━━

2. Par quels procédés l'auteur a-t-il mis en lumière que l'arrivée des
Français à Milan révèle aux Milanais leur caractère profond? Quels
indices dans l'expression dénotent que cette renaissance est la marque
d'un « peuple tout entier »?

café des *Servi* parut un miracle descendu du ciel ; il fut gravé
70 dans la nuit, et le lendemain on en vendit vingt mille
exemplaires.

Le même jour, on affichait l'avis d'une contribution de guerre
de six millions [13], frappée pour les besoins de l'armée française,
laquelle, venant de gagner six batailles et de conquérir vingt
75 provinces, manquait seulement de souliers, de pantalons,
d'habits et de chapeaux. (3)

La masse de bonheur et de plaisir qui fit irruption en Lombardie avec ces Français si pauvres fut telle que les prêtres seuls
et quelques nobles s'aperçurent de la lourdeur de cette contri-
80 bution de six millions, qui, bientôt, fut suivie de beaucoup
d'autres. Ces soldats français riaient et chantaient toute la
journée; ils avaient moins de vingt-cinq ans, et leur général en
chef, qui en avait vingt-sept, passait pour l'homme le plus âgé
de son armée. Cette gaieté, cette jeunesse, cette insouciance,
85 répondaient d'une façon plaisante aux prédications furibondes
des moines qui, depuis six mois, annonçaient du haut de la
chaire sacrée que les Français étaient des monstres, obligés,
sous peine de mort, à tout brûler et à couper la tête à tout le
monde. A cet effet, chaque régiment marchait avec la guillotine
90 en tête.

Dans les campagnes l'on voyait sur la porte des chaumières
le soldat français occupé à bercer le petit enfant de la maîtresse
du logis, et presque chaque soir quelque tambour, jouant du
violon, improvisait un bal. Les contredanses se trouvant beau-
95 coup trop savantes et compliquées pour que les soldats, qui
d'ailleurs ne les savaient guère, pussent les apprendre aux
femmes du pays, c'étaient celles-ci qui montraient aux jeunes
Français *la Monférine*, *la Sauteuse* et autres danses italiennes. (4)
100 Les officiers avaient été logés, autant que possible, chez les
gens riches; ils avaient bon besoin de se refaire. Par exemple,

---

13. Ces redevances énormes prouvent la nécessité d'entretenir cette armée de
« va-nu-pieds superbes », mais Stendhal ne rappelle pas ici l'entière réalité politique :
le Directoire, appauvri et vacillant, avait un besoin énorme de l'argent et du blé que,
grâce à la campagne d'Italie, pouvait lui adresser le général vainqueur.

QUESTIONS

---

3. Quelle anecdote vient souligner le changement total d'état d'esprit ?
Étudiez sa mise en valeur et sa portée symbolique. Caractérisez le ton et
l'expression dans le quatrième paragraphe.

Questions 4, v. p. 27.

un lieutenant, nommé Robert [14] eut un billet de logement pour
le palais de la marquise del Dongo. Cet officier, jeune réquisi-
tionnaire assez leste, possédait pour tout bien, en entrant dans
105 ce palais, un écu de six francs qu'il venait de recevoir à Plaisance. Après le passage du pont de Lodi, il prit à un bel officier
autrichien tué par un boulet un magnifique pantalon de nankin [15] tout neuf, et jamais vêtement ne vint plus à propos. Ses
épaulettes d'officier étaient en laine, et le drap de son habit
110 était cousu à la doublure des manches pour que les morceaux
tinssent ensemble; mais il y avait une circonstance plus triste :
les semelles de ses souliers étaient en morceaux de chapeau
également pris sur le champ de bataille, au delà du pont de
Lodi. Ces semelles improvisées tenaient au-dessus des souliers
115 par des ficelles fort visibles, de façon que lorsque le majordome
de la maison se présenta dans la chambre du lieutenant Robert
pour l'inviter à dîner avec madame la marquise, celui-ci fut
plongé dans un mortel embarras. Son voltigeur et lui passèrent
les deux heures qui les séparaient de ce fatal dîner à tâcher de
120 recoudre un peu l'habit et à teindre en noir avec de l'encre les
malheureuses ficelles des souliers. (5) Enfin le moment terrible
arriva. « De la vie je ne fus plus mal à mon aise, me disait le
lieutenant Robert; ces dames pensaient que j'allais leur faire
peur, et moi j'étais plus tremblant qu'elles. Je regardais mes
125 souliers et ne savais comment marcher avec grâce. La mar-

---

14. Le *lieutenant Robert* (que Fabrice retrouvera sous le nom du comte d'A...
à Waterloo [liv. I, chap. III]) n'est pas seulement un personnage épisodique. Stendhal
laisse volontairement planer un doute sur la paternité légitime du marquis del
Dongo. Par ses traits de caractère et son culte napoléonien, Fabrice pourrait, en tout
cas, bien être le fils du lieutenant Robert. De même, dans *le Rouge et le Noir*, le
héros, Julien Sorel, semblerait échapper à ses origines (voir « Nouveaux Classiques
Larousse », *le Rouge et le Noir*, t. II, chap. I, p. 4, note 1); 15. *Nankin :* sorte de
toile de coton d'un jaune particulier.

——————— **QUESTIONS** ———————

4. Comment expliquez-vous qu'une armée d'occupation française
puisse paradoxalement devenir une armée de libération pour les Milanais ? — Par quels moyens d'expression Stendhal souligne-t-il qu'une
fraternité nouvelle s'élabore, née d'une communauté de jeunesse et de
joie ?

5. Quels aspects du caractère français représente ici le lieutenant
Robert ? Celui-ci fait-il preuve également, dans cette situation, d'une
« disinvoltura » qu'un Italien n'eût pas désavouée ? En quoi consiste le
pittoresque du personnage ? Va-t-il cependant jusqu'au grotesque ?
Étudiez le changement de ton du passage depuis l'abandon de la peinture
de l'allégresse générale. — L'humour de Stendhal a-t-il déjà réapparu
lorsqu'il campe ce portrait ?

quise del Dongo, ajoutait-il, était alors dans tout l'éclat de sa
beauté : vous l'avez connue avec ses yeux si beaux et d'une
douceur angélique, et ses jolis cheveux d'un blond foncé qui
dessinaient si bien l'ovale de cette figure charmante. J'avais
130 dans ma chambre une Hérodiade de Léonard de Vinci, qui
semblait son portrait [16]. Dieu voulut que je fusse tellement saisi
de cette beauté surnaturelle que j'en oubliai mon costume.
Depuis deux ans je ne voyais que des choses laides et misérables
dans les montagnes du pays de Gênes : j'osai lui adresser
135 quelques mots sur mon ravissement.

« Mais j'avais trop de sens pour m'arrêter longtemps dans
le genre complimenteur. Tout en tournant mes phrases, je
voyais, dans une salle à manger toute de marbre, douze laquais
et des valets de chambre vêtus avec ce qui me semblait alors le
140 comble de la magnificence. Figurez-vous que ces coquins-là
avaient non seulement de bons souliers, mais encore des
boucles d'argent. Je voyais du coin de l'œil tous ces regards
stupides fixés sur mon habit, et peut-être aussi sur mes souliers,
ce qui me perçait le cœur. J'aurais pu d'un mot faire peur à
145 tous ces gens; mais comment les mettre à leur place sans courir
le risque d'effaroucher les dames? car la marquise pour se
donner un peu de courage, comme elle me l'a dit cent fois
depuis, avait envoyé prendre au couvent où elle était pension-
naire en ce temps-là, Gina del Dongo, sœur de son mari, qui fut
150 depuis cette charmante comtesse Pietranera [17] : personne dans
la prospérité ne la surpassa par la gaieté et l'esprit aimable,
comme personne ne la surpassa par le courage et la sérénité
d'âme dans la fortune contraire. (6)

« Gina, qui pouvait avoir alors treize ans, mais qui en
155 paraissait dix-huit, vive et franche, comme vous savez, avait
tant de peur d'éclater de rire en présence de mon costume,
qu'elle n'osait pas manger; la marquise, au contraire, m'acca-

---

16. Dans la réalité ou le roman, Stendhal a souvent cru retrouver chez ses héroïnes
des traits de cette Hérodiade de Léonard de Vinci, qu'il semble, nous dit-on, confondre
avec une Salomé de Luini aujourd'hui au musée des Offices à Florence; **17.** Première apparition dans le roman de la future comtesse Sanseverina. Il semble que
Stendhal ait doté des traits physiques et moraux d'Angela Pietragrua, qui fut sa
maîtresse à Milan de 1811 à 1816. Mais Gina del Dongo, tante de Fabrice, fait
également songer à Mathilde Viscontini. Par un procédé éprouvé depuis *le Rouge
et le Noir*, Stendhal crée ses personnages de roman en surcomposant ses souvenirs
réels.

QUESTIONS

Questions 6, v. p. 29.

blait de politesses contraintes; elle voyait fort bien dans mes
yeux des mouvements d'impatience. En un mot, je faisais une
160 sotte figure, je mâchais le mépris, chose qu'on dit impossible à
un Français. Enfin une idée descendue du ciel vint m'illuminer :
je me mis à raconter à ces dames ma misère, et ce que nous
avions souffert depuis deux ans dans les montagnes du pays de
Gênes où nous retenaient de vieux généraux imbéciles. Là,
165 disais-je, on nous donnait des assignats qui n'avaient pas cours
dans le pays, et trois onces de pain par jour. Je n'avais pas parlé
deux minutes, que la bonne marquise avait les larmes aux yeux,
et la Gina était devenue sérieuse.

— Quoi, monsieur le lieutenant, me disait celle-ci, trois
170 onces de pain!

— Oui, mademoiselle; mais en revanche la distribution
manquait trois fois la semaine, et comme les paysans chez
lesquels nous logions étaient encore plus misérables que nous,
nous leur donnions un peu de notre pain.

175 « En sortant de table, j'offris mon bras à la marquise
jusqu'à la porte du salon, puis, revenant rapidement sur mes
pas, je donnai au domestique qui m'avait servi à table cet
unique écu de six francs sur l'emploi duquel j'avais fait tant
de châteaux en Espagne.

180 « Huit jours après, continuait Robert, quand il fut bien
avéré que les Français ne guillotinaient personne, le marquis
del Dongo revint de son château de Grianta [18], sur le lac de
Côme, où bravement il s'était réfugié à l'approche de l'armée,
abandonnant aux hasards de la guerre sa jeune femme si
185 belle et sa sœur. La haine que ce marquis avait pour nous était
égale à sa peur, c'est-à-dire incommensurable : sa grosse figure
pâle et dévote était amusante à voir quand il me faisait des
politesses. Le lendemain de son retour à Milan, je reçus

---

18. *Grianta.* Une petite localité du nom de Griante, située près de Cadenabbia,
existe en réalité à quelque distance du rivage du lac de Côme sur la côte ouest.

─────────── **QUESTIONS** ───────────

6. Appréciez l'art de « mise en scène » dans ce passage. Étudiez l'évolution des sentiments du lieutenant Robert. Pourquoi sa raideur et sa
timidité s'effacent-elles progressivement? Comparez ses premiers pas
dans le monde avec ceux de Julien Sorel à son arrivée à l'hôtel de La
Mole (voir Documentation thématique). Par quelle habileté technique
l'auteur, dès l'entrée en scène de son personnage, a-t-il abandonné sa
description pour le monologue-confidence du lieutenant Robert?
A quel moment, à la fin du texte, le lieutenant Robert se fait-il le porte-
parole de Stendhal?

trois aunes [19] de drap et deux cents francs sur la contribution
190 des six millions : je me remplumai, et devins le chevalier de ces
dames, car les bals commencèrent. »

L'histoire du lieutenant Robert fut à peu près celle de
tous les Français; au lieu de se moquer de la misère de ces
braves soldats, on en eut pitié, et on les aima. **(7)**

195 Cette époque de bonheur imprévu et d'ivresse ne dura que
deux petites années; la folie avait été si excessive et si générale,
qu'il me serait impossible d'en donner une idée, si ce n'est
par cette réflexion historique et profonde : ce peuple s'ennuyait
depuis cent ans.

200 La volupté naturelle aux pays méridionaux avait régné jadis
à la cour des Visconti et des Sforce, ces fameux ducs de Milan.
Mais depuis l'an 1635, que les Espagnols s'étaient emparés du
Milanais [20], et emparés en maîtres taciturnes, soupçonneux,
orgueilleux, et craignant toujours la révolte, la gaieté s'était
205 enfuie. Les peuples, prenant les mœurs de leurs maîtres, son-
geaient plutôt à se venger de la moindre insulte par un coup de
poignard qu'à jouir du moment présent.

La joie folle, la gaieté, la volupté, l'oubli de tous les sentiments tristes, ou seulement raisonnables, furent poussés à un
210 tel point, depuis le 15 mai 1796, que les Français entrèrent à
Milan, jusqu'en avril 1799, qu'ils en furent chassés à la suite
de la bataille de Cassano [21], que l'on a pu citer de vieux mar-
chands millionnaires, de vieux usuriers, de vieux notaires qui,
pendant cet intervalle, avaient oublié d'être moroses et de
215 gagner de l'argent. **(8)**

Tout au plus eût-il été possible de compter quelques familles

---

19. *Aune :* mesure ancienne équivalant à 1,20 m environ; 20. Le *Milanais* est
resté sous domination espagnole de 1635 à 1713; 21. *Cassano* (avril 1799) et *Novi*
(août 1799) marquent la défaite totale des Français, qui ne conservent plus que
Gênes en Italie.

─────── ■ QUESTIONS ───────

7. Étudiez l'enchaînement habile de la présentation de chaque personnage. Le lieutenant Robert vous semble-t-il avoir des qualités d'obser-
vateur? Quels éléments des portraits de la marquise et de Gina ont été
particulièrement mis en valeur? — Comment s'établit-il spontanément
des « affinités électives » entre ces personnages? Se sont-ils reconnus comme
des âmes d'élite? Par antithèse, que représente le marquis?

8. Les raisons historiques données par Stendhal vous paraissent-elles
vraisemblables ou sont-elles simplement une explication avancée, sinon
justifiée, par les conceptions personnelles de l'auteur? Comment s'explique cette sorte de « contagion du bonheur? »

appartenant à la haute noblesse, qui s'étaient retirées dans leurs palais à la campagne, comme pour bouder contre l'allégresse générale et l'épanouissement de tous les cœurs. Il est véritable
220 aussi que ces familles nobles et riches avaient été distinguées d'une manière fâcheuse dans la répartition des contributions de guerre demandées pour l'armée française.

Le marquis del Dongo, contrarié de voir tant de gaieté, avait été un des premiers à regagner son magnifique château de
225 Grianta, au delà de Côme, où les dames menèrent le lieutenant Robert. Ce château, situé dans une position peut-être unique au monde, sur un plateau à cent cinquante pieds au-dessus de ce lac sublime dont il domine une grande partie, avait été une place forte. La famille del Dongo le fit construire au quinzième
230 siècle, comme le témoignaient de toutes parts les marbres chargés de ses armes; on y voyait encore des ponts-levis et des fossés profonds, à la vérité privés d'eau; mais avec ces murs de quatre-vingts pieds de haut et de six pieds d'épaisseur, ce château était à l'abri d'un coup de main; et c'est pour cela qu'il
235 était cher au soupçonneux marquis. Entouré de vingt-cinq ou trente domestiques qu'il supposait dévoués, apparemment parce qu'il ne leur parlait jamais que l'injure à la bouche, il était moins tourmenté par la peur qu'à Milan.

Cette peur n'était pas tout à fait gratuite : il correspondait
240 fort activement avec un espion placé par l'Autriche sur la frontière suisse à trois lieues de Grianta, pour faire évader les prisonniers faits sur le champ de bataille, ce qui aurait pu être pris au sérieux par les généraux français. (9)

Le marquis avait laissé sa jeune femme à Milan : elle y
245 dirigeait les affaires de la famille, elle était chargée de faire face aux contributions imposées à la *casa del Dongo*, comme on dit dans le pays; elle cherchait à les faire diminuer, ce qui l'obligeait à voir ceux des nobles qui avaient accepté des fonctions publiques, et même quelques non nobles fort influents. Il
250 survint un grand événement dans cette famille. Le marquis avait arrangé le mariage de sa jeune sœur Gina avec un per-

—————— QUESTIONS ——————

9. Quels traits étoffent ici le portrait du marquis del Dongo déjà esquissé plus haut ? Quels sont les caractères de la description du château de Grianta ? Stendhal, généralement avare de détails, vous paraît-il ici dénué de tout pittoresque descriptif ? Le seul intérêt stratégique du château justifie-t-il cette assez longue présentation des lieux ? La demeure trahit-elle le maître de maison ? Quelle autre raison ce château pourrait-il avoir d'être un haut lieu ? Ne préfigure-t-il pas une autre forteresse ?

sonnage fort riche et de la plus haute naissance; mais il portait
de la poudre [22] : à ce titre, Gina le recevait avec des éclats de
rire, et bientôt elle lui fit la folie d'épouser le comte Pietranera.
255 C'était à la vérité un fort bon gentilhomme, très bien fait de sa
personne, mais ruiné de père en fils, et, pour comble de disgrâce, partisan fougueux des idées nouvelles. Pietranera était
sous-lieutenant dans la légion italienne [23] surcroît de désespoir
pour le marquis.

260   Après ces deux années de folie et de bonheur, le Directoire
de Paris, se donnant des airs de souverain bien établi, montra
une haine mortelle pour tout ce qui n'était pas médiocre. Les
généraux ineptes qu'il donna à l'armée d'Italie perdirent une
suite de batailles dans ces mêmes plaines de Vérone, témoins
265 deux ans auparavant des prodiges d'Arcole et de Lonato. Les
Autrichiens se rapprochèrent de Milan; le lieutenant Robert,
devenu chef de bataillon et blessé à la bataille de Cassano, vint
loger pour la dernière fois chez son amie la marquise del Dongo.
Les adieux furent tristes; Robert partit avec le comte Pietranera
270 qui suivait les Français dans leur retraite sur Novi. La jeune
comtesse, à laquelle son frère refusa de payer sa légitime, suivit
l'armée montée sur une charrette. **(10)**

   Alors commença cette époque de réaction et de retour aux
idées anciennes, que les Milanais appellent *i tredici mesi*
275 *(les treize mois)*, parce qu'en effet leur bonheur voulut que
ce retour à la sottise ne durât que treize mois, jusqu'à Marengo [24]. Tout ce qui était vieux, dévot, morose, reparut à la
tête des affaires, et reprit la direction de la société : bientôt les
gens restés fidèles aux bonnes doctrines publièrent dans les
280 villages que Napoléon avait été pendu par les Mameluks en
Égypte [25], comme il le méritait à tant de titres.

---

22. *Poudre*. Ce détail de coiffure, auquel Stendhal fera plusieurs fois allusion dans
la Chartreuse, est en réalité un symbole politique : il dénote un ultra; 23. *Légion
italienne*. Sorte d'armée nationale dont Bonaparte avait voulu doter la république
Cisalpine. Faire partie de cette milice trahit donc les idées générales du comte Pietranera, partisan des Français; 24. C'est-à-dire jusqu'au 14 juin 1800 (voir note 9);
25. L'expédition d'Égypte, dirigée en fait contre l'Angleterre, a été acceptée
facilement par le Directoire, assez heureux d'éloigner ainsi ce jeune général ambitieux que la première campagne d'Italie a rendu populaire. Après une rapide
conquête du pays, Bonaparte se croit bloqué par Nelson dans la rade d'Aboukir en
1798. On laissa répandre la légende de sa disparition. Les mamelouks, cavaliers
arabes, deviendront après la campagne d'Égypte partie intégrante de la garde impériale sous Napoléon Ier.

——— **QUESTIONS** ———

Questions 10, v. p. 33.

Parmi ces hommes qui étaient allés bouder dans leurs terres et qui revenaient altérés de vengeance, le marquis del Dongo se distinguait par sa fureur; son exagération le porta naturelle-
285 ment à la tête du parti. Ces messieurs, fort honnêtes gens quand ils n'avaient pas peur, mais qui tremblaient toujours, parvinrent à circonvenir le général autrichien : assez bon homme, il se laissa persuader que la sévérité était de la haute politique, et fit arrêter cent cinquante patriotes : c'était bien alors ce qu'il y
290 avait de mieux en Italie.

Bientôt on les déporta aux *bouches de Cattaro* [26], et, jetés dans des grottes souterraines, l'humidité et surtout le manque de pain firent bonne et prompte justice de tous ces coquins.

Le marquis del Dongo eut une grande place, et, comme il
295 joignait une avarice sordide à une foule d'autres belles qualités, il se vanta publiquement de ne pas envoyer un écu à sa sœur, la comtesse Pietranera : toujours folle d'amour, elle ne voulait pas quitter son mari, et mourait de faim en France avec lui. La bonne marquise était désespérée; enfin elle réussit à dérober
300 quelques petits diamants dans son écrin, que son mari lui reprenait tous les soirs pour l'enfermer sous son lit, dans une caisse de fer : la marquise avait apporté huit cent mille francs de dot à son mari, et recevait quatre-vingt francs par mois pour ses dépenses personnelles. Pendant les treize mois que les
305 Français passèrent hors de Milan, cette femme si timide trouva des prétextes et ne quitta pas le noir. **(11)**

Nous avouerons que, suivant l'exemple de beaucoup de graves auteurs, nous avons commencé l'histoire de notre héros une année avant sa naissance. Ce personnage essentiel n'est

---

26. Lieu de déportation sur la côte de Dalmatie et pays que Stendhal a bien connu pendant son consulat à Trieste (1830-1831).

--------- **QUESTIONS** ---------

10. En quoi consiste la première folie de Gina? — Comment la verve ironique de l'auteur s'exerce-t-elle dans ce passage? Quelles expressions dans les lignes 260 à 266 laissent présager que la disparition de Bonaparte ménage le retour de la réaction et de la morosité, volontairement confondues par Stendhal?

11. Étudiez les éléments de ce tableau de la Restauration. Soulignez le contraste saisissant entre l'allégresse précédente et la hargne de la bassesse triomphante. Comment s'est désormais établi pour le lecteur le clivage profond ménagé entre les êtres vils et les êtres sublimes? L'enthousiasme napoléonien n'est-il qu'un critère politique?

310 autre, en effet, que Fabrice Valserra [27], *marchesino* del Dongo,
comme on dit à Milan [28]. Il venait justement de se donner la
peine de naître lorsque les Français furent chassés, et se trouvait, par le hasard de la naissance, le second fils de ce marquis
del Dongo si grand seigneur, et dont vous connaissez déjà le
315 gros visage blême, le sourire faux et la haine sans bornes pour
les idées nouvelles. Toute la fortune de la maison était substi-
tuée au fils aîné Ascanio del Dongo, le digne portrait de son
père. Il avait huit ans, et Fabrice deux, lorsque tout à coup ce
général Bonaparte, que tous les gens bien nés croyaient pendu
320 depuis longtemps, descendit du mont Saint-Bernard [29]. Il
entra dans Milan : ce moment est encore unique dans l'histoire ;
figurez-vous tout un peuple amoureux fou. Peu de jours après,
Napoléon gagna la bataille de Marengo. Le reste est inutile à
dire. L'ivresse des Milanais fut au comble ; mais, cette fois,
325 elle était mélangée d'idées de vengeance : on avait appris la
haine à ce bon peuple. Bientôt l'on vit arriver ce qui restait des
patriotes déportés aux bouches de Cattaro ; leur retour fut
célébré par une fête nationale [30]. Leurs figures pâles, leurs
grands yeux étonnés, leurs membres amaigris, faisaient un
330 étrange contraste avec la joie qui éclatait de toutes parts. Leur
arrivée fut le signal du départ pour les familles les plus compro-
mises. Le marquis del Dongo fut des premiers à s'enfuir à
son château de Grianta. Les chefs des grandes familles étaient
remplis de haine et de peur ; mais leurs femmes, leurs filles, se
335 rappelaient les joies du premier séjour des Français, et regret-
taient Milan et les bals si gais, qui aussitôt après Marengo
s'organisèrent à la *Casa Tanzi*. Peu de jours après la victoire,
le général français, chargé de maintenir la tranquillité dans la
Lombardie, s'aperçut que tous les fermiers des nobles, que
340 toutes les vieilles femmes de la campagne, bien loin de songer
encore à cette étonnante victoire de Marengo qui avait changé

27. Le héros du roman doit sans aucun doute son nom propre au petit village de
Dongo, situé sur le lac de Côme à l'embouchure de l'Albano, et son prénom très
certainement au peintre Fabrizio da Parma, connu par Stendhal, ainsi que le prouve
son *Histoire de la peinture en Italie* de 1817. Quant au patronyme de Valserra, il est
sans doute venu de souvenirs dauphinois d'Henri Beyle ; 28. On prononce *marké-
sine*. Dans les usages du pays, empruntés à l'Allemagne, ce titre se donne à tout
les fils de *marquis ; contine* à tous les fils de comte, *contessina* à toutes les filles de
comtes, etc. (note de Stendhal) ; 29. Après avoir franchi le Grand-Saint-Bernard le
20 mai 1800, Bonaparte va connaître un retour triomphal en Italie dont le jeune
Henri Beyle fut le témoin oculaire en tant que sous-lieutenant. Il en rappelle le
souvenir sur le ton de l'enthousiasme délirant dans sa *Vie de Henry Brulard* ;
30. Stendhal fut également le témoin de cette libération des patriotes, célébrée par de
grandes fêtes populaires, comme le prouve son *Journal* : Brescia, le 29 juillet 1801.

les destinées de l'Italie, et reconquis treize places fortes en un
jour, n'avaient l'âme occupée que d'une prophétie de saint Giovita [31], le premier patron de Brescia. Suivant cette parole sacrée,
345 les prospérités des Français et de Napoléon devaient cesser
treize semaines juste après Marengo. Ce qui excuse un peu
le marquis del Dongo et tous les nobles boudeurs des campagnes, c'est que réellement et sans comédie ils croyaient à la
prophétie. Tous ces gens-là n'avaient pas lu quatre volumes en
350 leur vie ; ils faisaient ouvertement leurs préparatifs pour rentrer
à Milan au bout des treize semaines ; mais le temps, en s'écou-
lant, marquait de nouveaux succès pour la cause de la France.
De retour à Paris, Napoléon, par de sages décrets, sauvait la
révolution à l'intérieur, comme il l'avait sauvée à Marengo
355 contre les étrangers. Alors les nobles lombards, réfugiés dans
leurs châteaux, découvrirent que d'abord ils avaient mal
compris la prédiction du saint patron de Brescia : il ne s'agissait
pas de treize semaines, mais bien de treize mois. Les treize mois
s'écoulèrent, et la prospérité de la France semblait s'augmenter
360 tous les jours. **(12)**

Nous glissons sur dix années de progrès et de bonheur, de
1800 à 1810 ; Fabrice passa les premières au château de Grianta,
donnant et recevant force coups de poing au milieu des petits
paysans du village, et n'apprenant rien, pas même à lire. Plus
365 tard, on l'envoya au collège des jésuites à Milan [32]. Le marquis
son père exigea qu'on lui montrât le latin, non point d'après
ces vieux auteurs qui parlent toujours de républiques, mais sur
un magnifique volume orné de plus de cent gravures, chef-
d'œuvre des artistes du XVIIe siècle ; c'était la généalogie

---

31. *Saint Giovita :* saint patron de Brescia. Fabrice assistera du haut du clocher
à la Saint-Giovita et à ses réjouissances populaires (liv. I, chap. IX). **32.** L'éducation du jeune Fabrice, partagée entre l'abbé Blanès et le collège des jésuites, est
l'éducation typique du jeune Italien, que Stendhal a maintes fois évoquée soit dans
Rome, Naples et Florence, soit dans les *Promenades dans Rome.*

── **QUESTIONS** ──────────────

12. Appréciez l'intervention directe de l'auteur dans son récit. Quelles
allusions littéraires au début de cette présentation du héros principal
trahissent Stendhal lecteur de Beaumarchais ? Pour Stendhal, les qualités
de Fabrice sont-elles un don de naissance ? Par quelle coïncidence la
venue au monde de Fabrice va-t-elle précéder de peu le retour en Italie
de Napoléon ? De quels souvenirs prestigieux sont désormais auréolées
les « enfances de Fabrice » ? Ces faits ont-ils une valeur symbolique
influant sur le destin futur de Fabrice ? — Comparez les éléments de cette
nouvelle arrivée des Français à Milan avec le premier enthousiasme des
populations décrit au début du chapitre.

370 latine [33] des Valserra, marquis del Dongo, publiée en 1650 par
Fabrice del Dongo, archevêque de Parme. La fortune des
Valserra étant surtout militaire, les gravures représentaient
force batailles, et toujours on voyait quelque héros de ce nom
donnant de grands coups d'épée. Ce livre plaisait fort au jeune
375 Fabrice. Sa mère qui l'adorait, obtenait de temps en temps la
permission de venir le voir à Milan; mais son mari ne lui
offrant jamais d'argent pour ces voyages, c'était sa belle-
sœur, l'aimable comtesse Pietranera, qui lui en prêtait. Après
le retour des Français, la comtesse était devenue l'une des
380 femmes les plus brillantes de la cour du prince Eugène, vice-roi
d'Italie [34].

Lorsque Fabrice eut fait sa première communion, elle obtint
du marquis, toujours exilé volontaire, la permission de le faire
sortir quelquefois de son collège. Elle le trouva singulier, spi-
385 rituel, fort sérieux, mais joli garçon, et ne déparant point trop
le salon d'une femme à la mode; du reste, ignorant à plaisir, et
sachant à peine écrire. La comtesse, qui portait en toutes choses
son caractère enthousiaste, promit sa protection au chef de
l'établissement, si son neveu Fabrice faisait des progrès éton-
390 nants, et à la fin de l'année avait beaucoup de prix. Pour lui
donner les moyens de les mériter, elle l'envoyait chercher tous
les samedis soir, et souvent ne le rendait à ses maîtres que le
mercredi ou le jeudi. Les jésuites, quoique tendrement chéris
par le prince vice-roi, étaient repoussés d'Italie par les lois du
395 royaume, et le supérieur du collège, homme habile, sentit tout
le parti qu'il pourrait tirer de ses relations avec une femme
toute-puissante à la cour. Il n'eut garde de se plaindre des
absences de Fabrice, qui, plus ignorant que jamais, à la fin de
l'année obtint cinq premiers prix. A cette condition, la brillante
400 comtesse Pietranera, suivie de son mari, général commandant
une des divisions de la garde, et de cinq ou six des plus grands
personnages de la cour du vice-roi, vint assister à la distribution des prix chez les jésuites. Le supérieur fut complimenté
par ses chefs. **(13)**

---

33. Cette *généalogie latine* des del Dongo, dont l'auteur est un homonyme du
héros, a un caractère prémonitoire sur le destin de celui-ci. Ce livre tant aimé rem-
plira pour Fabrice le rôle du *Mémorial de Sainte-Hélène* pour Julien (voir le *Rouge
et le Noir*, t. I, chap. II); 34. Le prince Eugène de Beauharnais, fils de Joséphine, fut
nommé vice-roi d'Italie le 26 mai 1805. Il semble y avoir régné avec intelligence et
joui de beaucoup de popularité.

——————— **QUESTIONS** ———————

Questions 13, v. p. 37.

405 La comtesse conduisait son neveu à toutes ces fêtes brillantes qui marquèrent le règne trop court de l'aimable prince Eugène. Elle l'avait créé de son autorité officier de hussards [35], et Fabrice, âgé de douze ans, portait cet uniforme. Un jour, la comtesse, enchantée de sa jolie tournure, demanda pour lui
410 au prince une place de page, ce qui voulait dire que la famille del Dongo se ralliait. Le lendemain, elle eut besoin de tout son crédit pour obtenir que le vice-roi voulût bien ne pas se souvenir de cette demande, à laquelle rien ne manquait que le consentement du père du futur page, et ce consentement eût été
415 refusé avec éclat. A la suite de cette folie, qui fit frémir le marquis boudeur, il trouva un prétexte pour rappeler à Grianta le jeune Fabrice. La comtesse méprisait souverainement son frère ; elle le regardait comme un sot triste, et qui serait méchant si jamais il en avait le pouvoir. Mais elle était folle de Fabrice,
420 et, après dix ans de silence, elle écrivit au marquis pour réclamer son neveu : sa lettre fut laissée sans réponse.

A son retour dans ce palais formidable, bâti par le plus belliqueux de ses ancêtres, Fabrice ne savait rien au monde que faire l'exercice et monter à cheval. Souvent le comte Pie-
425 tranera, aussi fou de cet enfant que sa femme, le faisait monter à cheval, et le menait avec lui à la parade. **(14)**

En arrivant au château de Grianta, Fabrice, les yeux encore bien rouges des larmes répandues en quittant les beaux salons de sa tante, ne trouva que les caresses passionnées de sa mère et
430 de ses sœurs. Le marquis était enfermé dans son cabinet avec son fils aîné, le marchesino Ascanio. Ils y fabriquaient des lettres chiffrées [36] qui avaient l'honneur d'être envoyées à

---

35. Cet uniforme dont Gina del Dongo pare son jeune neveu était celui qui avait consacré le triomphe momentané du jeune Julien Sorel (voir *le Rouge et le Noir*, t. II, chap. XXIV). Il a peut-être ici un caractère symbolique ; 36. Ces *lettres chiffrées* caractérisent les activités d'espionnage auxquels se livrent le marquis et son fils Ascanio, qui n'ont pu se résigner au départ des Autrichiens.

─── ▌ **QUESTIONS** ▐ ───

13. Quels éléments interviennent dans la formation de Fabrice ? Lequel vous paraît le plus formateur pour le jeune garçon ? Comment Stendhal a-t-il uni dans sa description du collège des remarques véridiques et sa propre haine des Jésuites ? Quelle est la part de ses souvenirs personnels projetée dans la vie de son jeune héros ? — Le caprice de la comtesse Pietranera est-il d'ores et déjà un élément déterminant dans la vie de Fabrice ?

14. Quel mythe et quels rêves de gloire militaire Gina del Dongo va-t-elle transmettre à son neveu Fabrice ? Comment les folies héroïques de la comtesse vont-elles former le caractère de notre héros ?

Vienne; le père et le fils ne paraissaient qu'aux heures des
repas. Le marquis répétait avec affectation qu'il apprenait à
435 son successeur naturel à tenir, en partie double, le compte des
produits de chacune de ses terres. Dans le fait, le marquis était
trop jaloux de son pouvoir pour parler de ces choses-là à un
fils, héritier nécessaire de toutes ces terres substituées. Il l'employait à chiffrer les dépêches de quinze ou vingt pages que
440 deux ou trois fois la semaine il faisait passer en Suisse, d'où on
les acheminait à Vienne. Le marquis prétendait faire connaître
à ses souverains légitimes l'état intérieur du royaume d'Italie
qu'il ne connaissait pas lui-même, et toutefois ses lettres avaient
beaucoup de succès; voici comment. Le marquis faisait compter
445 sur la grande route, par quelque agent sûr, le nombre des soldats de tel régiment français ou italien qui changeait de garnison, et, en rendant compte du fait à la cour de Vienne, il avait
soin de diminuer d'un grand quart le nombre des soldats pré-
sents. Ces lettres, d'ailleurs ridicules, avaient le mérite d'en
450 démentir d'autres plus véridiques, et elles plaisaient. Aussi,
peu de temps avant l'arrivée de Fabrice au château, le marquis
avait-il reçu la plaque d'un ordre renommé : c'était la cin-
quième qui ornait son habit de chambellan [37]. A la vérité, il
avait le chagrin de ne pas oser arborer cet habit hors de son
455 cabinet; mais il ne se permettait jamais de dicter une dépêche
sans avoir revêtu le costume brodé, garni de tous ses ordres.
Il eût cru manquer de respect d'en agir autrement. **(15)**

La marquise fut émerveillée des grâces de son fils. Mais elle
avait conservé l'habitude d'écrire deux ou trois fois par an au
460 général comte d'A***; c'était le nom actuel du lieutenant Robert [38]. La marquise avait horreur de mentir aux gens qu'elle
aimait; elle interrogea son fils et fut épouvantée de son ignorance.

S'il me semble peu instruit, se disait-elle, à moi qui ne sais

---

37. La *plaque* et le titre viennent évidemment de l'Autriche; **38.** *Lieutenant
Robert :* voir note 14.

──────── **QUESTIONS** ────────

15. Par contraste, le marquis peut-il apparaître comme un père à
aimer ? Par quels procédés successifs d'antithèse Stendhal a-t-il mis en
valeur le grotesque et la mesquinerie du père de Fabrice et de son frère
aîné ? Même si l'intrusion du narrateur n'est pas directe, ne sent-on pas
sa présence à travers ses sympathies et ses antipathies mal déguisées à
l'égard de ses personnages ?

465 rien, Robert, qui est si savant, trouverait son éducation absolument manquée; or maintenant il faut du mérite. Une autre particularité qui l'étonna presque autant, c'est que Fabrice avait pris au sérieux toutes les choses religieuses qu'on lui avait enseignées chez les jésuites. Quoique fort pieuse elle-
470 même, le fanatisme de cet enfant la fit frémir; si le marquis a l'esprit de deviner ce moyen d'influence, il va m'enlever l'amour de mon fils. Elle pleura beaucoup, et sa passion pour Fabrice s'en augmenta.

La vie de ce château, peuplé de trente ou quarante domes-
475 tiques, était fort triste; aussi Fabrice passait-il toutes ses journées à la chasse ou à courir le lac sur une barque. Bientôt il fut étroitement lié avec les cochers et les hommes des écuries; tous étaient partisans fous des Français et se moquaient ouvertement des valets de chambre dévots, attachés à la personne
480 du marquis ou à celle de son fils aîné. Le grand sujet de plaisanterie contre ces personnages graves, c'est qu'ils portaient de la poudre ³⁹ à l'instar de leurs maîtres. **(16) (17)**

---

39. Voir note 22.

─────── ■ **QUESTIONS** ■ ───────

16. Dans ce dernier volet du tableau de l'adolescence de Fabrice retrouve-t-on la présence et la délicatesse féminines? La marquise del Dongo a-t-elle néanmoins la fougue de Gina? — Pourquoi, après l'évocation du marquis et d'Ascagne, rappeler le souvenir du lieutenant Robert? — Comparez Fabrice del Dongo et Julien Sorel, dont l'enfance a connu aussi une odieuse figure paternelle et une certaine liberté dans la nature (voir Documentation thématique).

17. SUR L'ENSEMBLE DU CHAPITRE PREMIER. — Réalisme et vérité historique dans cette peinture de Milan en 1796.
— Stendhal a-t-il bien montré, selon une formule de l'historien L. Madelin, que l'arrivée des Français en Italie fut « une fête des fleurs et des cœurs ».
— Les éléments autobiographiques dans cette fresque historique.
— La mise en relief de la figure de Bonaparte, qui va prendre une dimension épique dans ce premier chapitre. Étudiez l'élargissement du caractère de chef génial qui domine l'entrée en matière du roman jusqu'à devenir le mythe du héros par excellence.
— Vous semble-t-on pouvoir, sans dommage, supprimer ce premier chapitre du roman, ou du moins ses premières pages?
— Étudiez le style particulier de ce premier chapitre, le lyrisme. Pourquoi l'auteur, d'ordinaire avare de détails lorsqu'il s'agit d'exprimer le bonheur personnel d'un de ses héros, est-il expansif lorsqu'il décrit l'exaltation d'un peuple tout entier?

CHAPITRE II

... Alors que Vesper vient embrunir nos yeux,
Tout épris d'avenir, je contemple les cieux,
En qui Dieu nous escrit, par notes non obscures,
Les sorts et les destins de toutes créatures.
Car lui, du fond des cieux regardant un humain,
Parfois mû de pitié, lui montre le chemin;
Par les astres du ciel qui sont ses caractères,
Les choses nous prédit et bonnes et contraires;
Mais les hommes chargés de terres et de trépas,
Méprisent tel escrit, et ne le lisent pas.

RONSARD [40].

Le marquis professait une haine vigoureuse pour les
lumières : ce sont les idées, disait-il, qui ont perdu l'Italie; il ne
savait trop comment concilier cette sainte horreur de l'instruc-
tion, avec le désir de voir son fils Fabrice perfectionner l'éduca-
5 tion si brillamment commencée chez les jésuites. Pour courir le
moins de risques possible, il chargea le bon abbé Blanès [41],
curé de Grianta, de faire continuer à Fabrice ses études en
latin. Il eût fallu que le curé lui-même sût cette langue; or elle
était l'objet de ses mépris; ses connaissances en ce genre se
10 bornaient à réciter, par cœur, les prières de son missel, dont il
pouvait rendre à peu près le sens à ses ouailles. Mais ce curé
n'en était pas moins fort respecté et même redouté dans le
canton; il avait toujours dit que ce n'était point en treize
semaines ni même en treize mois, que l'on verrait s'accomplir la
15 célèbre prophétie de saint Giovita [42], le patron de Brescia. Il
ajoutait, quand il parlait à des amis sûrs, que le nombre *treize*
devait être interprété d'une façon qui étonnerait bien du monde,
s'il était permis de tout dire (1813). **(18)**

Le fait est que l'abbé Blanès, personnage d'une honnêteté

---

40. Cette citation de Ronsard (élégie du livre II, *Sonnets pour Hélène*) place
Fabrice, déjà élève de l'abbé Blanès, sous le signe des astrologues; 41. *Blanès.*
Stendhal a emprunté le nom de son personnage à un acteur italien célèbre qu'il
nomme lui-même « le Talma de l'Italie » dans *Rome, Naples et Florence;* 42. *Saint
Giovita :* voir note 31.

――――― **QUESTIONS** ―――――
Questions 18, v. p. 41.

20 et d'une vertu *primitives*, et de plus homme d'esprit, passait
toutes les nuits au haut de son clocher; il était fou d'astrologie.
Après avoir usé ses journées à calculer des conjonctions et des
positions d'étoiles, il employait la meilleure part de ses nuits à
les suivre dans le ciel. Par suite de sa pauvreté, il n'avait d'autre
25 instrument qu'une longue lunette à tuyau de carton. On peut
juger du mépris qu'avait pour l'étude des langues un homme qui
passait sa vie à découvrir l'époque précise de la chute des
empires et des révolutions qui changent la face du monde. Que
sais-je de plus sur un cheval, disait-il à Fabrice, depuis qu'on
30 m'a appris qu'en latin il s'appelle *equus?*

Les paysans redoutaient l'abbé Blanès comme un grand
magicien : pour lui, à l'aide de la peur qu'inspiraient ses stations
dans le clocher, il les empêchait de voler. Ses confrères les curés
des environs, fort jaloux de son influence, le détestaient; le
35 marquis del Dongo le méprisait tout simplement, parce qu'il
raisonnait trop pour un homme de si bas étage. Fabrice l'adorait : pour lui plaire il passait quelquefois des soirées entières à
faire des additions ou des multiplications énormes. Puis il
montait au clocher : c'était une grande faveur et que l'abbé Bla-
40 nès n'avait jamais accordée à personne; mais il aimait cet
enfant pour sa naïveté. Si tu ne deviens pas hypocrite, lui disait-
il, peut-être tu seras un homme. **(19)**

Deux ou trois fois par an, Fabrice, intrépide et passionné
dans ses plaisirs, était sur le point de se noyer dans le lac. Il
45 était le chef de toutes les grandes expéditions des petits paysans
de Grianta et de la Cadenabia [43]. Ces enfants s'étaient procuré
quelques petites clefs, et quand la nuit était bien noire, ils
essayaient d'ouvrir les cadenas de ces chaînes qui attachent les

---

43. La *Cadenabia*. Située en face de Bellagio, l'un des endroits les plus enchanteurs
du lac de Côme, elle est l'un des lieux chers au cœur de Stendhal.

──────── **QUESTIONS** ────────

18. L'obscurantisme du marquis va-t-il être déterminant dans l'éducation et le développement de la personnalité de Fabrice? — Quelles
remarques traduisent dès le début du chapitre l'anticléricalisme de
l'auteur? — Quel est le ton de Stendhal?

19. En quoi consiste le pittoresque du personnage de l'abbé Blanès?
Le personnage a-t-il une autre valeur que son rôle épisodique? Son
influence sur Fabrice. Comparez l'abbé Blanès et l'abbé Chélan (« Nouveaux Classiques Larousse », *le Rouge et le Noir*, t. I, chap. II et III). Cette
évocation du côté superstitieux de la religion vous semble-t-elle caractéristique de l'âme italienne?

bateaux à quelque grosse pierre ou à quelque arbre voisin du
50 rivage. Il faut savoir que sur le lac de Côme l'industrie des
pêcheurs place des lignes dormantes à une grande distance des
bords. L'extrémité supérieure de la corde est attachée à une
planchette doublée de liège, et une branche de coudrier très
flexible, fichée sur cette planchette, soutient une petite sonnette
55 qui tinte lorsque le poisson, pris à la ligne, donne des secousses
à la corde.

Le grand objet de ces expéditions nocturnes, que Fabrice
commandait en chef, était d'aller visiter les lignes dormantes,
avant que les pêcheurs eussent entendu l'avertissement donné
60 par les petites clochettes. On choisissait les temps d'orage; et,
pour ces parties hasardeuses, on s'embarquait le matin, une
heure avant l'aube. En montant dans la barque ces enfants
croyaient se précipiter dans les plus grands dangers, c'était là
le beau côté de leur action; et, suivant l'exemple de leurs pères,
65 ils récitaient dévotement un *Ave Maria*. Or, il arrivait souvent
qu'au moment du départ, et à l'instant qui suivait l'*Ave Maria*,
Fabrice était frappé d'un présage. C'était là le fruit qu'il avait
retiré des études astrologiques de son ami l'abbé Blanès, aux
prédictions duquel il ne croyait point. Suivant sa jeune imagi-
70 nation, ce présage lui annonçait avec certitude le bon ou le
mauvais succès; et comme il avait plus de résolution qu'aucun
de ses camarades, peu à peu toute la troupe prit tellement
l'habitude des présages, que si, au moment de s'embarquer, on
apercevait sur la côte un prêtre, ou si l'on voyait un corbeau
75 s'envoler à main gauche, on se hâtait de remettre le cadenas à la
chaîne du bateau, et chacun allait se recoucher. Ainsi l'abbé
Blanès n'avait pas communiqué sa science assez difficile à
Fabrice; mais à son insu, il lui avait inoculé une confiance
illimitée dans les signes qui peuvent prédire l'avenir. **(20)**

[Malgré les services rendus à la cour de Vienne par le marquis del
Dongo, celui-ci se voit peu à peu disgracié et réduit à se retirer en
son château de Grianta. Tandis qu'il se livre aux intrigues politiques,
sa sœur Gina, s'abandonne à des intrigues galantes. Le comte Pietranera est tué après une affaire d'honneur. Pris entre l'amour-propre
et l'avarice, le marquis cède à la vanité et invite sa sœur à retrouver le

───────── **QUESTIONS** ─────────

20. Quels traits du caractère de Fabrice s'esquissent à travers cette rude
enfance paysanne ? Quelle est l'importance du présage dans la conduite
actuelle et future du héros ? De quels éléments divers Fabrice tient-il cette
particularité ?

château de Grianta. Gina accepte mi-résignée, mi-enthousiasmée :
« Sur ce lac sublime où je suis née m'attend enfin une vie heureuse et
paisible. »]

80   Je ne sais si elle se trompait, mais ce qu'il y a de sûr c'est
que cette âme passionnée, qui venait de refuser si lestement
l'offre de deux immenses fortunes [44], apporta le bonheur au
château de Grianta. Ses deux nièces étaient folles de joie. — Tu
m'as rendu les beaux jours de la jeunesse, lui disait la marquise
85 en l'embrassant ; la veille de ton arrivée, j'avais cent ans. La
comtesse se mit à revoir, avec Fabrice, tous ces lieux enchanteurs voisins de Grianta, et si célébrés par les voyageurs : la
villa Melzi de l'autre côté du lac, vis-à-vis le château, et qui lui
sert de point de vue ; au-dessus le bois sacré des *Sfondrata* [45],
90 et le hardi promontoire qui sépare les deux branches du lac,
celle de Côme, si voluptueuse, et celle qui court vers Lecco,
pleine de sévérité : aspects sublimes et gracieux, que le site le
plus renommé du monde, la baie de Naples, égale, mais ne
surpasse point. C'était avec ravissement que la comtesse
95 retrouvait les souvenirs de sa première jeunesse et les comparait
à ses sensations actuelles. Le lac de Côme, se disait-elle, n'est
point environné, comme le lac de Genève, de grandes pièces de
terre bien closes et cultivées selon les meilleures méthodes,
choses qui rappellent l'argent et la spéculation. Ici de tous côtés
100 je vois des collines d'inégales hauteurs couvertes de bouquets
d'arbres plantés par le hasard, et que la main de l'homme n'a
point encore gâtés et forcés *à rendre du revenu* [46]. Au milieu de
ces collines aux formes admirables et se précipitant vers le lac
par des pentes si singulières, je puis garder toutes les illusions
105 des descriptions du Tasse et de l'Arioste. Tout est noble et
tendre, tout parle d'amour, rien ne rappelle les laideurs de la
civilisation. Les villages situés à mi-côte sont cachés par de
grands arbres, et au-dessus des sommets des arbres s'élève
l'architecture charmante de leurs jolis clochers. Si quelque petit

---

44. Gina, en effet, dès son veuvage, s'est vu demander en mariage par deux
jeunes gens des plus fortunés, dont Limercati, meurtrier de son mari. Elle les a
repoussés avec hauteur et mépris ; 45. Il s'agit du palais du duc Melzi, datant de
1815, s'élevant à Bellagio, déjà décrit avec complaisance par Stendhal dans *Rome,
Naples et Florence* (chap. III), ainsi que de la villa Sfondrata, ayant appartenu à la
famille d'où sera issu le pape Grégoire XIV ; 46. *Rendre du revenu*. Cette expression
typiquement française dans ce contexte italien reflète les intentions ironiques de
l'auteur. Elle est reprise du *Rouge et le Noir*, de la bouche même du maire de Verrières.

110 champ de cinquante pas de large vient interrompre de temps à
autre les bouquets de châtaigniers et de cerisiers sauvages, l'œil
satisfait y voit croître des plantes plus vigoureuses et plus
heureuses là qu'ailleurs. Par delà ces collines, dont le faîte
offre des ermitages qu'on voudrait tous habiter, l'œil étonné
115 aperçoit les pics des Alpes [47], toujours couverts de neige, et leur
austérité sévère lui rappelle des malheurs de la vie ce qu'il en
faut pour accroître la volupté présente. L'imagination est touchée par le son lointain de la cloche de quelque petit village
caché sous les arbres : ces sons portés sur les eaux qui les
120 adoucissent prennent une teinte de douce mélancolie et de
résignation, et semblent dire à l'homme : La vie s'enfuit, ne te
montre donc point si difficile envers le bonheur qui se présente,
hâte-toi de jouir. Le langage de ces lieux ravissants, et qui n'ont
point de pareils au monde, rendit à la comtesse son cœur de
125 seize ans. Elle ne concevait pas comment elle avait pu passer
tant d'années sans revoir le lac. Est-ce donc au commencement
de la vieillesse, se disait-elle, que le bonheur se serait réfugié ?
Elle acheta une barque que Fabrice, la marquise et elle ornèrent
de leurs mains, car on manquait d'argent pour tout, au milieu
130 de l'état de maison le plus splendide; depuis sa disgrâce le
marquis del Dongo avait redoublé de faste aristocratique. Par
exemple, pour gagner dix pas de terrain sur le lac, près de la
fameuse allée de platanes, à côté de la Cadenabia, il faisait
construire une digue dont le devis allait à quatre-vingt
135 mille francs. A l'extrémité de la digue on voyait s'élever, sur les
dessins du fameux marquis Cagnola [48], une chapelle bâtie
tout entière en blocs de granit énormes, et, dans la chapelle,
Marchesi [49], le sculpteur à la mode de Milan, lui bâtissait un
tombeau sur lequel des bas-reliefs nombreux devaient repré-
140 senter les belles actions de ses ancêtres. **(21)**
    Le frère aîné de Fabrice, le marchesine Ascagne, voulut se

---

47. Cette réflexion traduit évidemment les sentiments et les souvenirs personnels
de l'auteur, qui écrivait dans *Rome, Naples et Florence*, en parlant des Alpes vues
de Milan : « Je n'ai rien vu au monde de plus beau que l'aspect de ces sommets
couverts de neige, aperçus à vingt lieues de distance, toutes les montagnes infé-
rieures restant du plus beau sombre »; 48. *Cagnola* (Luigi) [1762-1833] : architecte
italien qui avait successivement édifié des monuments à la gloire du Premier consul,
puis à celle des Alliés; 49. *Marchesi :* élève de Canova. C'est lui qui, lors du mariage
de Clélia avec le marquis Crescenzi, sera responsable des ornements du palais de ce
dernier.

─────── **QUESTIONS** ───────

Questions 21, v. p. 45.

mettre des promenades de ces dames; mais sa tante jetait de l'eau sur ses cheveux poudrés, et avait tous les jours quelque nouvelle niche à lancer à sa gravité. Enfin il délivra de l'aspect
145 de sa grosse figure blafarde la joyeuse troupe qui n'osait rire en sa présence. On pensait qu'il était l'espion du marquis son père, et il fallait ménager ce despote sévère et toujours furieux depuis sa démission forcée.

Ascagne jura de se venger de Fabrice [50]. **(22)**

150 Il y eut une tempête où l'on courut des dangers; quoiqu'on eût infiniment peu d'argent, on paya généreusement les deux bateliers pour qu'ils ne dissent rien au marquis, qui déjà témoignait beaucoup d'humeur de ce qu'on emmenait ses deux filles. On rencontra une seconde tempête [51]; elles sont
155 terribles et imprévues sur ce beau lac : des rafales de vent sortent à l'improviste de deux gorges de montagnes placées dans des directions opposées et luttent sur les eaux. La comtesse voulut débarquer au milieu de l'ouragan et des coups de tonnerre; elle prétendait que, placée sur un rocher isolé au milieu du lac,
160 et grand comme une petite chambre, elle aurait un spectacle singulier; elle se verrait assiégée de toutes parts par des vagues furieuses; mais, en sautant de la barque, elle tomba dans l'eau. Fabrice se jeta après elle pour la sauver, et tous deux furent entraînés assez loin. Sans doute il n'est pas beau de se noyer,
165 mais l'ennui, tout étonné, était banni du château féodal. La comtesse s'était passionnée pour le caractère primitif et pour l'astrologie de l'abbé Blanès. Le peu d'argent qui lui restait après l'acquisition de la barque avait été employé à acheter un petit télescope de rencontre, et presque tous les soirs, avec ses

---

50. Cette rancune expliquera peut-être la dénonciation d'Ascagne à l'égard de son frère; **51.** Ce détail précis et véridique des tempêtes fréquentes et subites sur le lac de Côme avait déjà été observé et décrit par Stendhal dans *Rome*, *Naples et Florence* (chap. III).

——————— **QUESTIONS** ———————————————

21. L'évocation de la nature : quel est l'intérêt sensuel en même temps qu'émotif de cette peinture? Quels souvenirs, inspirés par J.-J. Rousseau, imprègnent cette description? Appréciez l'article défini dans l'expression *sans revoir le lac*. — Montrez comment le sentiment de la fuite du temps exalte à la fois la mélancolie et l' « hédonisme » de la jeune comtesse. Quel accord profond s'établit ici entre le jeune Fabrice et sa tante, qui se sent un *cœur de seize ans* ?

22. Quelle dissonance le marchesine Ascagne introduit-il dans cet accord parfait? — Sa présence a-t-elle seulement une valeur symbolique ou présente-t-elle un intérêt dramatique?

170 nièces et Fabrice, elle allait s'établir sur la plate-forme d'une
des tours gothiques du château. Fabrice était le savant de la
troupe, et l'on passait là plusieurs heures fort gaiement, loin
des espions [52]. (23)

Il faut avouer qu'il y avait des journées où la comtesse
175 n'adressait la parole à personne; on la voyait se promener sous
les hauts châtaigniers, plongée dans de sombres rêveries; elle
avait trop d'esprit pour ne pas sentir parfois l'ennui qu'il y a à ne
pas échanger ses idées. Mais le lendemain elle riait comme la
veille : c'étaient les doléances de la marquise, sa belle-sœur, qui
180 produisaient ces impressions sombres sur cette âme naturellement si agissante.

— Passerons-nous donc ce qui nous reste de jeunesse dans ce
triste château! s'écriait la marquise.

Avant l'arrivée de la comtesse, elle n'avait pas même le
185 courage d'avoir de ces regrets. (24)

L'on vécut ainsi pendant l'hiver de 1814 à 1815. Deux fois,
malgré sa pauvreté, la comtesse vint passer quelques jours à
Milan; il s'agissait de voir un ballet sublime de Vigano, donné
au théâtre de la Scala [53], et le marquis ne défendait point à sa
190 femme d'accompagner sa belle-sœur. On allait toucher les
quartiers de la petite pension, et c'était la pauvre veuve du
général cisalpin qui prêtait quelques sequins [54] à la richissime
marquise del Dongo. Ces parties étaient charmantes; on invitait
à dîner de vieux amis, et l'on se consolait en riant de tout,
195 comme de vrais enfants. Cette gaieté italienne, pleine de *brio* [55]

---

52. Ascagne et le marquis, son père. Dans la petite société de Grianta, les êtres
se sont de nouveau groupés par « affinités électives »; **53.** En envoyant son héroïne
non seulement à la Scala de Milan, mais aux ballets de Vigano, qu'il appelait un
« grand poète muet », Stendhal donne à Gina ses goûts les plus chers et les plus personnels; **54.** *Sequin.* De l'arabe *sekhah* (coin à frapper la monnaie), ce mot désigne
une monnaie d'or qui avait cours en Italie; **55.** *Brio* : terme italien qui s'applique
d'abord au domaine musical. Il désigne le caractère brillant et résolu d'une composition ou de l'exécution d'un morceau. Nul doute que Stendhal, fervent admirateur
des *Nozze di Figaro* de Mozart ou du *Matrimonio Segreto* de Cimarosa, ne transpose
cette gaieté sur le caractère de la pétulante Gina del Dongo.

——————— QUESTIONS ———————

23. Quels traits soulignent ici le caractère singulier de la comtesse et
son goût irrépressible d'aventures et d'actions romanesques?

24. Comment expliquez-vous la brusque sensation de solitude de Gina?
Quels détails physiques traduisent le désarroi de cette « *âme de feu* »?
Stendhal, qui, lui-même, trouva Civitavecchia « ennuyeux comme la
peste », n'a-t-il pas encore une fois doté son héros d'un trait qui lui est
personnel?

et d'imprévu, faisait oublier la tristesse sombre que les regards du marquis et de son fils aîné répandaient autour d'eux à Grianta. Fabrice, à peine âgé de seize ans, représentait fort bien le chef de la maison. **(25) (26)**

[Dans ce bonheur serein éclate, comme un coup de tonnerre, la nouvelle du retour de Napoléon, qui vient de débarquer au golfe Juan. Fabrice, aussitôt, débordant d'enthousiasme et d'allégresse, se prépare à rejoindre son héros, muni de la petite bourse de sa tante et du passeport de son ami Vasi, marchand de baromètres. Il part par le Saint-Gothard, mais, arrivé à Paris, il ne réussit même pas à approcher le « grand homme ». Volé, comme Julien Sorel, il rejoint l'armée de Napoléon à la frontière et ne réussit qu'à se faire arrêter comme espion. Se retrouvant en prison, il ne comprend l'étendue de son malheur qu'avec l'aide de la femme du geôlier, qui réussit à le faire évader et lui procure des habits de hussard. Ainsi équipé, muni de bons conseils et d'un cheval qu'il vient d'acheter à un paysan, il va assister à la bataille de Waterloo.]

───────── QUESTIONS ─────────

25. Quels éléments de ce passage vous permettraient de définir la *gaieté à l'italienne* chère au cœur de Stendhal ? Est-il étonnant que Fabrice, *à peine âgé de seize ans*, soit le *chef de la maison* dans cette petite société ?

26. SUR L'ENSEMBLE DU CHAPITRE II. — Les éléments rousseauistes de ces pages (paysage, personnages, sentiments) trahissent-ils Stendhal lecteur de *la Nouvelle Héloïse* et des *Confessions* ?
  — Les éléments autobiographiques du passage et les sentiments personnels de l'auteur transférés à ses personnages.
  — Étudiez la mise en valeur d'un certain ton d' « enfance » chez les personnages de premier plan. L'esquisse d'un certain bonheur de vivre : de quoi est-il fait ?
  — La tonalité générale du chapitre : montrez que l'allégresse dominante de ce passage vient de l'accord profond entre le paysage et le caractère des héros.
  — Dans ce chapitre, Stendhal a-t-il déjà dégagé un des thèmes principaux du roman qui sera repris et développé plus loin ? — Balzac, qui condamnait ces préliminaires, vous paraît-il avoir bien compris l'esthétique stendhalienne ?

CHAPITRE III

Fabrice trouva bientôt des vivandières [56], et l'extrême reconnaissance qu'il avait pour la geôlière de B*** le porta à leur adresser la parole; il demanda à l'une d'elles où était le 4e régiment de hussards, auquel il appartenait.

5 — Tu ferais tout aussi bien de ne pas tant te presser, mon petit soldat, dit la cantinière touchée par la pâleur et les beaux yeux de Fabrice. Tu n'as pas encore la poigne assez ferme pour les coups de sabre qui vont se donner aujourd'hui. Encore si tu avais un fusil, je ne dis pas, tu pourrais lâcher ta balle tout
10 comme un autre.

Ce conseil déplut à Fabrice; mais il avait beau pousser son cheval, il ne pouvait aller plus vite que la charrette de la cantinière. De temps à autre le bruit du canon semblait se rapprocher et les empêchait de s'entendre, car Fabrice était tellement hors
15 de lui d'enthousiasme et de bonheur, qu'il avait renoué la conversation. Chaque mot de la cantinière redoublait son bonheur en le lui faisant comprendre. A l'exception de son vrai nom et de sa fuite de prison, il finit par tout dire à cette femme qui semblait si bonne. Elle était fort étonnée et ne
20 comprenait rien du tout à ce que lui racontait ce beau jeune soldat.

— Je vois le fin mot, s'écria-t-elle enfin d'un air de triomphe : vous êtes un jeune bourgeois amoureux de la femme de quelque capitaine du 4e de hussards. Votre amoureuse vous aura fait
25 cadeau de l'uniforme que vous portez, et vous courez après elle. Vrai, comme Dieu est là-haut, vous n'avez jamais été soldat; mais, comme un brave garçon que vous êtes, puisque votre régiment est au feu, vous voulez y paraître, et ne pas passer pour un capon [57]. **(27)**
30 Fabrice convint de tout : c'était le seul moyen qu'il eût de

---

56. *Vivandières*. Du bas latin *vivenda*, ce terme désigne les femmes qui suivent un corps de troupes pour vendre des vivres; 57. *Capon*. De l'italien *cappone* (poltron, lâche), ce mot ne doit pas étonner dans la bouche de la vivandière, dont le langage traduit une savoureuse verdeur.

——— **QUESTIONS** ———————

Questions 27, v. p. 49.

recevoir de bons conseils. J'ignore toutes les façons d'agir de
ces Français, se disait-il, et, si je ne suis pas guidé par quelqu'un,
je parviendrai encore à me faire jeter en prison, et l'on me
volera mon cheval.

35 — D'abord, mon petit, lui dit la cantinière, qui devenait de
plus en plus son amie, conviens que tu n'as pas vingt et
un ans [58] : c'est tout le bout du monde si tu en as dix-sept.

C'était la vérité, et Fabrice l'avoua de bonne grâce.

— Ainsi, tu n'es pas même conscrit; c'est uniquement à
40 cause des beaux yeux de la madame que tu vas te faire casser
les os. Peste! elle n'est pas dégoûtée. Si tu as encore quelques-
uns de ces *jaunets* [59] qu'elle t'a remis, il faut *primo* que tu
achètes un autre cheval; vois comme ta rosse dresse les oreilles
quand le bruit du canon ronfle d'un peu près; c'est là un cheval
45 de paysan qui te fera tuer dès que tu seras en ligne. Cette
fumée blanche, que tu vois là-bas par-dessus la haie, ce sont
des feux de peloton, mon petit! Ainsi, prépare-toi à avoir une
fameuse venette [60], quand tu vas entendre siffler les balles. Tu
ferais aussi bien de manger un morceau tandis que tu en as
50 encore le temps.

Fabrice suivit ce conseil, et, présentant un napoléon à la
vivandière, la pria de se payer.

— C'est pitié de le voir! s'écria cette femme; le pauvre petit
ne sait pas seulement dépenser son argent! Tu mériterais bien
55 qu'après avoir empoigné ton napoléon je fisse prendre son
grand trot à Cocotte; du diable si ta rosse pourrait me suivre.
Que ferais-tu, nigaud, en me voyant détaler? Apprends que,
quand le brutal [61] gronde, on ne montre jamais d'or. Tiens, lui
dit-elle, voilà dix-huit francs cinquante centimes, et ton
60 déjeuner te coûte trente sous. Maintenant, nous allons bientôt
avoir des chevaux à revendre. Si la bête est petite, tu en

---

58. C'est-à-dire l'âge que peut vraisemblablement avoir en 1815 un conscrit sous
les armes depuis plus d'un an; 59. *Jaunet* : terme populaire désignant une pièce d'or
jaune; 60. *La venette* : terme populaire désignant la peur; 61. *Le brutal* : terme populaire désignant le canon.

——— **QUESTIONS** ———

27. Est-ce une coïncidence si Fabrice, après avoir été tiré de prison
par la femme du geôlier, qui lui a fourni son habit de hussard, se
retrouve aidé par la cantinière aux approches du champ de bataille? — Pourquoi
Stendhal a-t-il, à plusieurs reprises, souligné l'extrême jeunesse et la
séduction de Fabrice en ce début de chapitre? Quels sont les sentiments
de la cantinière à l'égard de Fabrice?

donneras dix francs, et, dans tous les cas, jamais plus de vingt
francs, quand ce serait le cheval des quatre fils Aymon [62].

65 Le déjeuner fini, la vivandière, qui pérorait toujours, fut
interrompue par une femme qui s'avançait à travers champs, et
qui passa sur la route.

— Holà, hé! lui cria cette femme; holà! Margot! ton
6e léger [63] est sur la droite.

70 — Il faut que je te quitte, mon petit, dit la vivandière à notre
héros; mais en vérité tu me fais pitié; j'ai de l'amitié pour toi,
sacrédié! Tu ne sais rien de rien, tu vas te faire moucher [64],
comme Dieu est Dieu! Viens-t'en au 6e léger avec moi.

— Je comprends bien que je ne sais rien, lui dit Fabrice,
mais je veux me battre et suis résolu d'aller là-bas vers cette
75 fumée blanche.

— Regarde comme ton cheval remue les oreilles! Dès qu'il
sera là-bas, quelque peu de vigueur qu'il ait, il te forcera la
main, il se mettra à galoper, et Dieu sait où il te mènera. Veux-
tu m'en croire? Dès que tu seras avec les petits soldats, ramasse
80 un fusil et une giberne, mets-toi à côté des soldats et fais comme
eux, exactement. Mais, mon Dieu, je parie que tu ne sais pas
seulement déchirer une cartouche.

Fabrice, fort piqué, avoua cependant à sa nouvelle amie
qu'elle avait deviné juste. **(28)**

85 — Pauvre petit! il va être tué tout de suite; vrai comme
Dieu! ça ne sera pas long. Il faut absolument que tu viennes
avec moi, reprit la cantinière d'un air d'autorité.

— Mais je veux me battre.

— Tu te battras aussi; va, le 6e léger est un fameux, et
90 aujourd'hui il y en a pour tout le monde.

— Mais serons-nous bientôt à votre régiment?

— Dans un quart d'heure tout au plus.

Recommandé par cette brave femme, se dit Fabrice, mon

---

62. Allusion au légendaire Bayard qui était censé avoir porté les quatre fils
Aymon sur son dos. Une gravure populaire du temps représentait le célèbre coursier
et ses quatre cavaliers; **63.** Le 6e régiment d'infanterie légère, qui portait un uniforme bleu à guêtres noires; **64.** *Se faire moucher :* autre exemple de langage populaire; ici, recevoir des coups.

━━━ QUESTIONS ━━━

28. Fabrice ne fait-il pas un premier apprentissage du champ de
bataille? Pourquoi tient-il à se faire une alliée de la cantinière? Est-il
longtemps capable de dissimuler sa situation? Pourquoi? — Étudiez le
pittoresque et la verdeur du personnage de la cantinière.

ignorance de toutes choses ne me fera pas prendre pour un
95 espion, et je pourrai me battre. A ce moment, le bruit du canon
redoubla, un coup n'attendait pas l'autre. C'est comme un
chapelet, dit Fabrice.

— On commence à distinguer les feux de peloton [65], dit la
vivandière en donnant un coup de fouet à son petit cheval qui
100 semblait tout animé par le feu.

La cantinière tourna à droite et prit un chemin de traverse au
milieu des prairies; il y avait un pied de boue; la petite charrette fut sur le point d'y rester : Fabrice poussa à la roue. Son
cheval tomba deux fois; bientôt le chemin, moins rempli d'eau,
105 ne fut plus qu'un sentier au milieu du gazon. Fabrice n'avait
pas fait cinq cents pas que sa rosse s'arrêta tout court : c'était
un cadavre, posé en travers du sentier, qui faisait horreur au
cheval et au cavalier.

La figure de Fabrice, très pâle naturellement, prit une teinte
110 verte fort prononcée; la cantinière, après avoir regardé le
mort, dit, comme se parlant à elle-même : Ça n'est pas de notre
division. Puis, levant les yeux sur notre héros, elle éclata de
rire.

— Ha! ha! mon petit! s'écria-t-elle, en voilà du nanan [66]!
115 Fabrice restait glacé. Ce qui le frappait surtout c'était la saleté
des pieds de ce cadavre qui déjà était dépouillé de ses souliers,
et auquel on n'avait laissé qu'un mauvais pantalon tout souillé
de sang.

— Approche, lui dit la cantinière; descends de cheval; il
120 faut que tu t'y accoutumes; tiens, s'écria-t-elle, il en a eu par la
tête.

Une balle, entrée à côté du nez, était sortie par la tempe
opposée, et défigurait ce cadavre d'une façon hideuse; il était
resté avec un œil ouvert.

125 — Descends donc de cheval, petit, dit la cantinière, et
donne-lui une poignée de main pour voir s'il te la rendra [67].

Sans hésiter, quoique prêt à rendre l'âme de dégoût, Fabrice
se jeta à bas de cheval et prit la main du cadavre qu'il secoua

---

65. *Feux de peloton :* bruit sourd et continu de fusillade. Stendhal prête à son
héros ses propres souvenirs du champ de bataille de Bautzen, consignés dans son
Journal en date du 21 mai 1813 : « On ne voit bien distinctement que les coups de
canon; on entend un feu plus ou moins nourri de fusillade »; **66.** *Nanan :* terme très
familier qui, par onomatopée, désigne, dans le langage enfantin, des friandises.
Il est employé ironiquement par la vivandière à l'adresse de Fabrice, qui subit son
baptême du feu; **67.** Stendhal utilise ici ses souvenirs personnels et vécus, déjà
relatés dans son *Journal* et sa *Correspondance.*

ferme; puis il resta comme anéanti; il sentait qu'il n'avait pas
130 la force de remonter à cheval. Ce qui lui faisait horreur surtout
c'était cet œil ouvert.

La vivandière va me croire un lâche, se disait-il avec amertume; mais il sentait l'impossibilité de faire un mouvement :
il serait tombé. Ce moment fut affreux; Fabrice fut sur le
135 point de se trouver mal tout à fait [68]. La vivandière s'en
aperçut, sauta lestement à bas de sa petite voiture, et lui présenta, sans mot dire, un verre d'eau-de-vie qu'il avala d'un
trait; il put remonter sur sa rosse, et continua la route sans
dire une parole. La vivandière le regardait de temps à autre du
140 coin de l'œil.

— Tu te battras demain, mon petit, lui dit-elle enfin,
aujourd'hui tu resteras avec moi. Tu vois bien qu'il faut que tu
apprennes le métier de soldat.

— Au contraire, je veux me battre tout de suite, s'écria notre
145 héros d'un air sombre, qui sembla de bon augure à la vivandière. Le bruit du canon redoublait et semblait s'approcher. Les
coups commençaient à former comme une basse continue; un
coup n'était séparé du coup voisin par aucun intervalle, et sur
cette basse continue, qui rappelait le bruit d'un torrent lointain,
150 on distinguait fort bien les feux de peloton. **(29)**

Dans ce moment la route s'enfonçait au milieu d'un bouquet
de bois : la vivandière vit trois ou quatre soldats des nôtres
qui venaient à elle courant à toutes jambes; elle sauta lestement à bas de sa voiture et courut se cacher à quinze ou
155 vingt pas du chemin. Elle se blottit dans un trou qui était resté
au lieu où l'on venait d'arracher un grand arbre. Donc, se dit
Fabrice, je vais voir si je suis un lâche! Il s'arrêta auprès de la

---

68. Voir note 67.

QUESTIONS

29. Étudiez les nuances successives des sentiments de la cantinière à
l'égard de son jeune conscrit. Quelles expressions précises marquent les
changements de ton ? — Appréciez la variété de ce passage : dialogue, bref
monologue intérieur, récit réaliste. — Par quelle transition rapide
passe-t-on à la première rencontre de Fabrice avec la mort ? Relevez les
réactions successives de Fabrice à la vue du cadavre. Quels détails précis
mettent en valeur l'extrême jeunesse de Fabrice ? Pourquoi l'auteur,
pendant toute cette scène, nous fait-il voir et ressentir le spectacle par les
yeux de Fabrice ? Quel est l'intérêt dramatique de la présence de la
cantinière ? — Quelle note différente introduit-elle dans ce passage ?
Ne s'est-il pas établi une sorte de contrepoint dans la composition du
morceau ?

petite voiture abandonnée par la cantinière et tira son sabre.
Les soldats ne firent pas attention à lui et passèrent en courant
60 le long du bois, à gauche de la route.

— Ce sont des nôtres, dit tranquillement la vivandière en
revenant tout essoufflée vers sa petite voiture [69]... Si ton cheval
était capable de galoper, je te dirais : pousse en avant jusqu'au
bout du bois, vois s'il y a quelqu'un dans la plaine. Fabrice ne
65 se le fit pas dire deux fois, il arracha une branche à un peuplier,
l'effeuilla et se mit à battre son cheval à tour de bras; la rosse
prit le galop un instant puis revint à son petit trot accoutumé.
La vivandière avait mis son cheval au galop : — Arrête-toi
donc, arrête! criait-elle à Fabrice. Bientôt tous les deux furent
70 hors du bois; en arrivant au bord de la plaine, ils entendirent
un tapage effroyable, le canon et la mousqueterie [70] tonnaient
de tous les côtés, à droite, à gauche, derrière. Et comme le
bouquet de bois d'où ils sortaient occupait un tertre élevé de
huit ou dix pieds au-dessus de la plaine, ils aperçurent assez bien
75 un coin de la bataille; mais enfin il n'y avait personne dans le pré
au delà du bois. Ce pré était bordé, à mille pas de distance, par
une longue rangée de saules, très touffus; au-dessus des saules
paraissait une fumée blanche qui quelquefois s'élevait dans le
ciel en tournoyant.

80 — Si je savais seulement où est le régiment, disait la cantinière embarrassée! Il ne faut pas traverser ce grand pré tout
droit. A propos, toi, dit-elle à Fabrice, si tu vois un soldat
ennemi, pique-le avec la pointe de ton sabre, ne va pas t'amuser
à le sabrer. **(30)**

85 A ce moment, la cantinière aperçut les quatre soldats dont
nous venons de parler, ils débouchaient du bois dans la plaine
à gauche de la route. L'un d'eux était à cheval.

— Voilà ton affaire, dit-elle à Fabrice. Holà, ho! cria-t-elle
à celui qui était à cheval, viens donc ici boire le verre d'eau-de-
90 vie; les soldats s'approchèrent.

---

69. Cette fausse alerte, sorte de parenthèse comique dans le récit, provint sans
doute d'un souvenir personnel de l'auteur, qui, dans une lettre à sa sœur, a raconté
une anecdote semblable; **70.** *Mousqueterie :* décharge de mousquets ou de fusils
tirée en même temps ou continûment.

─────── **QUESTIONS** ───────

30. Soulignez par antithèse la valeur de cet intermède « comique ».
Quel aspect de la bataille traduit-il cependant? Relevez les notations
précises de l'auteur et en particulier la variété des sensations auditives
qui établissent un fond sonore très évocateur.

— Où est le 6ᵉ léger ? cria-t-elle.

— Là-bas, à cinq minutes d'ici, en avant de ce canal qui est le long des saules ; même que le colonel Macon vient d'être tué.

— Veux-tu cinq francs de ton cheval, toi ?

195 — Cinq francs ! tu ne plaisantes pas mal, petite mère, un cheval d'officier que je vais vendre cinq napoléons avant un quart d'heure.

— Donne-m'en un de tes napoléons, dit la vivandière à Fabrice. Puis s'approchant du soldat à cheval : Descends
200 vivement, lui dit-elle, voilà ton napoléon.

Le soldat descendit, Fabrice sauta en selle gaiement, la vivandière détachait le petit portemanteau qui était sur la rosse.

— Aidez-moi donc, vous autres ! dit-elle aux soldats, c'est comme ça que vous laissez travailler une dame !

205 Mais à peine le cheval de prise sentit le portemanteau, qu'il se mit à se cabrer, et Fabrice, qui montait fort bien, eut besoin de toute sa force pour le contenir.

— Bon signe ! dit la vivandière, le monsieur n'est pas accoutumé au chatouillement du portemanteau [71].

210 — Un cheval de général, s'écriait le soldat qui l'avait vendu, un cheval qui vaut dix napoléons comme un liard [72] !

— Voilà vingt francs, lui dit Fabrice, qui ne se sentait pas de joie de se trouver entre les jambes un cheval qui eût du mouvement.

215 A ce moment, un boulet donna dans la ligne de saules, qu'il prit de biais, et Fabrice eut le curieux spectacle de toutes ces petites branches volant de côté et d'autre comme rasées par un coup de faux.

— Tiens, voilà le brutal [73] qui s'avance, lui dit le soldat en
220 prenant ses vingt francs. Il pouvait être deux heures. **(31)**

Fabrice était encore dans l'enchantement de ce spectacle curieux, lorsqu'une troupe de généraux, suivis d'une ving-

---

71. Allusion probable à l'aventure survenue au jeune Henri Beyle à sa sortie de Genève (voir la *Vie de Henry Brulard*, chap. xxiv ; **72.** *Liard*. Équivalant au quart d'un sou, ce mot semble ici être employé pour désigner une très petite somme ; **73.** Voir note 60.

———— **QUESTIONS** ————

31. Fabrice a-t-il pris conscience de la réalité du champ de bataille ? Quel détail dans ce passage souligne l'inexpérience ou l'extrême détachement de notre héros ? Comment est-on brusquement ramené à la réalité ? Quelle expression laisse soupçonner, cependant, que Fabrice ne se sent pas acteur de ce drame ?

taine de hussards, traversèrent au galop un des angles de la vaste
prairie au bord de laquelle il était arrêté : son cheval hennit, se
225 cabra deux ou trois fois de suite, puis donna des coups de tête
violents contre la bride qui le retenait. Hé bien soit! se dit
Fabrice.

Le cheval laissé à lui-même partit ventre à terre et alla
rejoindre l'escorte qui suivait les généraux. Fabrice compta
230 quatre chapeaux brodés. Un quart d'heure après, par quelques
mots que dit un hussard son voisin, Fabrice comprit qu'un de
ces généraux était le célèbre maréchal Ney [74]. Son bonheur fut
au comble; toutefois il ne put deviner lequel des quatre généraux était le maréchal Ney; il eût donné tout au monde pour
235 le savoir, mais il se rappela qu'il ne fallait pas parler. L'escorte
s'arrêta pour passer un large fossé rempli d'eau par la pluie de
la veille; il était bordé de grands arbres et terminait sur la
gauche la prairie à l'entrée de laquelle Fabrice avait acheté le
cheval. Presque tous les hussards avaient mis pied à terre; le
240 bord du fossé était à pic et fort glissant, et l'eau se trouvait
bien à trois ou quatre pieds en contre-bas au-dessous de la
prairie. Fabrice, distrait par sa joie, songeait plus au maréchal Ney et à la gloire qu'à son cheval, lequel, étant fort animé,
sauta dans le canal; ce qui fit rejaillir l'eau à une hauteur consi-
245 dérable. Un des généraux fut entièrement mouillé par la nappe
d'eau, et s'écria en jurant : Au diable la f... bête! Fabrice se
sentit profondément blessé de cette injure. Puis-je en demander
raison? se dit-il. En attendant, pour prouver qu'il n'était pas si
gauche, il entreprit de faire monter à son cheval la rive opposée
250 du fossé; mais elle était à pic et haute de cinq à six pieds. Il fallut
y renoncer; alors il remonta le courant, son cheval ayant de
l'eau jusqu'à la tête, et enfin trouva une sorte d'abreuvoir; par
cette pente douce il gagna facilement le champ de l'autre côté
du canal. Il fut le premier homme de l'escorte qui y parut; il se
255 mit à trotter fièrement le long du bord : au fond du canal les
hussards se démenaient, assez embarrassés de leur position; car
en beaucoup d'endroits l'eau avait cinq pieds de profondeur.
Deux ou trois chevaux prirent peur et voulurent nager, ce qui
fit un barbotement épouvantable. Un maréchal des logis

---

74. Le *maréchal Ney*, effectivement présent à Waterloo, n'est entré en action que
vers une heure et demie et, après l'échec de sa première attaque, reforme ses troupes
à la Belle-Alliance. Or, il est à peu près deux heures lorsque Fabrice lâche la bride à
son cheval. Le texte suit donc de très près la chronologie historique des événements.

260 s'aperçut de la manœuvre que venait de faire ce blanc-bec, qui avait l'air si peu militaire.

— Remontez! il y a un abreuvoir à gauche, s'écria-t-il, et peu à peu tous passèrent. **(32)**

En arrivant sur l'autre rive, Fabrice y avait trouvé les géné-
265 raux tout seuls; le bruit du canon lui sembla redoubler; ce fut à peine s'il entendit le général, par lui si bien mouillé, qui criait à son oreille :

— Où as-tu pris ce cheval ?

Fabrice était tellement troublé qu'il répondit en italien :
270 — *L'ho comprato poco fa*. (Je viens de l'acheter à l'instant.)

— Que dis-tu ? lui cria le général.

Mais le tapage devint tellement fort en ce moment, que Fabrice ne put lui répondre. Nous avouerons que notre héros était fort peu héros en ce moment. Toutefois, la peur ne venait
275 chez lui qu'en seconde ligne; il était surtout scandalisé de ce bruit qui lui faisait mal aux oreilles. L'escorte prit le galop; on traversait une grande pièce de terre labourée, située au delà du canal, et ce champ était jonché de cadavres.

— Les habits rouges! les habits rouges! criaient avec joie
280 les hussards de l'escorte, et d'abord Fabrice ne comprenait pas; enfin il remarqua qu'en effet presque tous les cadavres étaient vêtus de rouge. Une circonstance lui donna un frisson d'horreur; il remarqua que beaucoup de ces malheureux habits rouges vivaient encore; ils criaient évidemment pour demander
285 du secours, et personne ne s'arrêtait pour leur en donner. Notre héros, fort humain, se donnait toutes les peines du monde pour que son cheval ne mît les pieds sur aucun habit rouge. L'escorte s'arrêta; Fabrice, qui ne faisait pas assez d'attention à son devoir de soldat, galopait toujours en regardant un malheureux
290 blessé.

— Veux-tu bien t'arrêter, blanc-bec! lui cria le maréchal des logis. Fabrice s'aperçut qu'il était à vingt pas sur la droite en avant des généraux, et précisément du côté où ils regardaient avec leurs lorgnettes. En revenant se ranger à la queue des
295 autres hussards restés à quelques pas en arrière, il vit le plus gros de ces généraux qui parlait à son voisin, général aussi,

───────── QUESTIONS ─────────

32. Comment expliquez-vous l'extrême jubilation de Fabrice? Pourquoi l'auteur rappelle-t-il la nécessité de dissimuler? Quelle est la
valeur de l'épisode héroï-comique qui va suivre? A quelle occasion le
caractère « italien » de Fabrice se montre-t-il de nouveau?

d'un air d'autorité et presque de réprimande; il jurait. Fabrice ne put retenir sa curiosité; et, malgré le conseil de ne point parler, à lui donné par son amie la geôlière, il arrangea une
300 petite phrase bien française, bien correcte, et dit à son voisin :

— Quel est-il ce général qui *gourmande* son voisin?

— Pardi, c'est le maréchal!

— Quel maréchal?

— Le maréchal Ney, bêta! Ah çà! où as-tu servi jusqu'ici?
305 Fabrice, quoique fort susceptible, ne songea point à se fâcher de l'injure; il contemplait, perdu dans une admiration enfantine, ce fameux prince de la Moskova [75], le brave des braves. **(33)**

Tout à coup on partit au grand galop. Quelques instants après, Fabrice vit, à vingt pas en avant, une terre labourée qui
310 était remuée d'une façon singulière. Le fond des sillons était plein d'eau, et la terre fort humide, qui formait la crête de ces sillons, volait en petits fragments noirs lancés à trois ou quatre pieds de haut. Fabrice remarqua en passant cet effet singulier; puis sa pensée se remit à songer à la gloire du maré-
315 chal. Il entendit un cri sec auprès de lui : c'étaient deux hussards qui tombaient atteints par des boulets; et, lorsqu'il les regarda, ils étaient déjà à vingt pas de l'escorte. Ce qui lui sembla horrible, ce fut un cheval tout sanglant qui se débattait sur la terre labourée, en engageant ses pieds dans ses propres
320 entrailles; il voulait suivre les autres : le sang coulait dans la boue.

Ah! m'y voilà donc enfin au feu! se dit-il. J'ai vu le feu! se répétait-il avec satisfaction. Me voici un vrai militaire. A ce moment, l'escorte allait ventre à terre, et notre héros comprit
325 que c'étaient des boulets qui faisaient voler la terre de toutes parts. Il avait beau regarder du côté d'où venaient les boulets, il voyait la fumée blanche de la batterie à une distance énorme, et, au milieu du ronflement égal et continu produit par les

---

75. En 1812 eut lieu la fameuse campagne de Russie, où Ney se distingua, en particulier à Borodino, ou la Moskova, et qui se termina par la célèbre retraite. Là encore, Ney, à l'arrière-garde, déploya une énergie surhumaine. Il fut fait prince de la Moskova en souvenir de ces faits d'armes. En 1814, il devait cependant se rallier à Louis XVIII. Chargé d'arrêter l'Empereur à son retour de l'île d'Elbe, il se rallia à lui et fut, en 1815, fusillé sous la Restauration.

— **QUESTIONS** —————————

33. Quel est le ton du récit? Comment Stendhal fait-il ici la satire de tout ce qui est officiel? D'où provient le comique, inattendu sur le champ de bataille?

coups de canon, il lui semblait entendre des décharges beau-
330 coup plus voisines; il n'y comprenait rien du tout. **(34)**

[Puis le hasard de la stratégie donne à Fabrice l'occasion de voir de
plus près son héros. Or, le maréchal « très blond avec une grosse tête
rouge » ne ressemble en rien à aucun des personnages que Fabrice
a pu fréquenter en Italie. A force d'examiner ses nouveaux compagnons avec une curiosité mal déguisée, Fabrice finit par attirer leur
attention, et, plein d'embarras, « il tourna la tête vers l'ennemi ».
Ainsi assiste-t-il à la bataille fameuse avec la même candeur étonnée.
Il réussit, cependant, grâce à une bouteille d'eau-de-vie achetée à la
cantinière, à se concilier la sympathie de ses nouveaux compagnons
du champ de bataille, qui, désormais, « le regardèrent avec bienveillance », et c'est ce qui le détermine à rester. Il se croyait « l'ami
intime de tous les soldats avec lesquels il galopait depuis quelques
heures. Il voyait entre eux et lui cette noble amitié des héros du Tasse
et de l'Arioste ».]

Il y avait déjà longtemps que Fabrice n'apercevait plus la
terre volant en miettes noires sous l'action des boulets; on
arriva derrière un régiment de cuirassiers, il entendit distinctement les biscaïens [76] frapper sur les cuirasses et il vit tomber
335 plusieurs hommes.

Le soleil était déjà fort bas, et il allait se coucher lorsque
l'escorte, sortant d'un chemin creux, monta une petite pente de
trois ou quatre pieds pour entrer dans une terre labourée.
Fabrice entendit un petit bruit singulier tout près de lui : il
340 tourna la tête, quatre hommes étaient tombés avec leurs chevaux; le général lui-même avait été renversé, mais il se relevait
tout couvert de sang. Fabrice regardait les hussards jetés par
terre : trois faisaient encore quelques mouvements convulsifs,
le quatrième criait : Tirez-moi de dessous. Le maréchal des
345 logis et deux ou trois hommes avaient mis pied à terre pour
secourir le général qui, s'appuyant sur son aide de camp,

---

76. *Biscaïens :* mousquets inventés en Biscaye. Ce nom s'applique également à
des boulets de fonte de la grosseur d'un petit œuf entrant dans la composition de la
mitraille (Littré).

——— **QUESTIONS** ———————————

34. Étudiez l'introduction nouvelle du thème des horreurs de la guerre.
Y a-t-il eu évolution dans les sentiments de Fabrice ou dans sa sensibilité.
A-t-on enfin l'impression qu'il est devenu acteur dans cet épisode ?
Pourquoi ?

essayait de faire quelques pas; il cherchait à s'éloigner de son
cheval qui se débattait renversé par terre et lançait des coups
de pieds furibonds.

350   Le maréchal des logis s'approcha de Fabrice. A ce moment
notre héros entendit derrière lui et tout près de son oreille :
C'est le seul qui puisse encore galoper. Il se sentit saisir les
pieds; on les élevait en même temps qu'on lui soutenait le
corps par-dessous les bras; on le fit passer par-dessus la croupe
355 de son cheval, puis on le laissa glisser jusqu'à terre, où il tomba
assis.

    L'aide de camp prit le cheval de Fabrice par la bride; le
général, aidé par le maréchal des logis, monta et partit au
galop; il fut suivi rapidement par les six hommes qui restaient.
360 Fabrice se releva furieux, et se mit à courir après eux en criant :
Ladri! Ladri! (voleurs! voleurs!) Il était plaisant de courir
après des voleurs au milieu d'un champ de bataille.

    L'escorte et le général, comte A... [77], disparurent bientôt
derrière une rangée de saules. Fabrice, ivre de colère, arriva
365 aussi à cette ligne de saules; il se trouva tout contre un canal
fort profond qu'il traversa. Puis, arrivé de l'autre côté, il se
remit à jurer en apercevant de nouveau, mais à une très grande
distance, le général et l'escorte qui se perdaient dans les arbres.
Voleurs! voleurs! criait-il maintenant en français. Désespéré,
370 bien moins de la perte de son cheval que de la trahison, il se
laissa tomber au bord du fossé, fatigué et mourant de faim. Si
son beau cheval lui eût été enlevé par l'ennemi, il n'y eût pas
songé; mais se voir trahir et voler par ce maréchal des logis
qu'il aimait tant et par ces hussards qu'il regardait comme des
375 frères! c'est ce qui lui brisait le cœur. Il ne pouvait se consoler
de tant d'infamie, et, le dos appuyé contre un saule, il se mit à
pleurer à chaudes larmes. Il défaisait un à un tous ses beaux
rêves d'amitié chevaleresque et sublime, comme celle des
héros de la *Jérusalem délivrée* [78]. Voir arriver la mort n'était
380 rien, entouré d'âmes héroïques et tendres, de nobles amis qui
vous serrent la main au moment du dernier soupir! mais garder
son enthousiasme, entouré de vils fripons!!! Fabrice exagérait
comme tout homme indigné. Au bout d'un quart d'heure

---

77. Le *comte d'A...*, déjà rencontré par Fabrice au début de ce même chapitre,
n'est autre que le lieutenant Robert (voir note 14); 78. La *Jérusalem délivrée* :
poème du Tasse (1544-1595), qui a connu un renouveau de succès à l'époque romantique; particulièrement apprécié de Stendhal le poème l'est également de son héros.

d'attendrissement, il remarqua que les boulets commençaient à
385 arriver jusqu'à la rangée d'arbres à l'ombre desquels il méditait.
Il se leva et chercha à s'orienter. Il regardait ces prairies bordées
par un large canal et la rangée de saules touffus : il crut se
reconnaître. Il aperçut un corps d'infanterie qui passait le fossé
et entrait dans les prairies, à un quart de lieue en avant de lui.
390 J'allais m'endormir, se dit-il ; il s'agit de n'être pas prisonnier ;
et il se mit à marcher très vite. En avançant il fut rassuré, il
reconnut l'uniforme, les régiments par lesquels il craignait
d'être coupé étaient français. Il obliqua à droite pour les
rejoindre. (35)

395   Après la douleur morale d'avoir été si indignement trahi et
volé, il en était une autre qui, à chaque instant, se faisait sentir
plus vivement : il mourait de faim. Ce fut donc avec une joie
extrême qu'après avoir marché, ou plutôt couru pendant
dix minutes, il s'aperçut que le corps d'infanterie, qui allait très
400 vite aussi, s'arrêtait comme pour prendre position. Quelques
minutes plus tard, il se trouvait au milieu des premiers soldats.
     — Camarades, pourriez-vous me vendre un morceau de
pain ?
     — Tiens, cet autre qui nous prend pour des boulangers !
405   Ce mot dur et le ricanement général qui le suivit accablèrent
Fabrice. La guerre n'était donc plus ce noble et commun élan
d'âmes amantes de la gloire qu'il s'était figuré d'après les
proclamations de Napoléon ! Il s'assit, ou plutôt se laissa tomber sur le gazon ; il devint très pâle. Le soldat qui lui avait parlé,
410 et qui s'était arrêté à dix pas pour nettoyer la batterie de son
fusil avec son mouchoir, s'approcha et lui jeta un morceau de
pain ; puis, voyant qu'il ne le ramassait pas, le soldat lui mit un
morceau de ce pain dans la bouche. Fabrice ouvrit les yeux, et
mangea ce pain sans avoir la force de parler. Quand enfin il
415 chercha des yeux le soldat pour le payer, il se trouva seul, les
soldats les plus voisins de lui étaient éloignés de cent pas et
marchaient. Il se leva machinalement et les suivit. Il entra dans
un bois ; il allait tomber de fatigue, et cherchait déjà de l'œil

―――――― **QUESTIONS** ――――――

35. Le côté objectif du narrateur est-il particulièrement sensible dans
ce passage ? Cette notation du désordre qui accompagne la fin des
combats est-elle réelle ? Étudiez le déclin parallèle de cette journée aux
dimensions épiques et de celle des illusions du héros au soir de la bataille.
Étudiez la montée progressive du désenchantement de Fabrice. Après
son émerveillement enfantin du début, Fabrice semble-t-il avoir repris
pied dans la réalité ?

« On arriva derrière un régiment de cuirassiers, il entendit distinctement les biscaïens sur les cuirasses... » (P. 58, l. 333-334.)

Charge de cavalerie, par Géricault. Paris, musée du Louvre.

une place commode; mais quelle ne fut pas sa joie en recon-
420 naissant d'abord le cheval, puis la voiture, et enfin la cantinière
du matin! Elle accourut à lui et fut effrayée de sa mine.

— Marche encore, mon petit, lui dit-elle; tu es donc blessé?
et ton beau cheval? En parlant ainsi elle le conduisait vers sa
voiture, où elle le fit monter, en le soutenant par-dessous les
425 bras. A peine dans la voiture, notre héros, excédé de fatigue,
s'endormit profondément. **(36) (37)**

CHAPITRE IV

[Fabrice se réveille pour assister à la déroute et, cependant, malgré
la confusion générale, il ne veut pas se sauver sans s'être battu. Aussi,
après des essais malheureux au sabre, se voit-il confier un fusil par
son voisin, le caporal Aubry. « Il était presque nuit : il lui semblait être
à l'espère, à la chasse de l'ours, dans la montagne de la Tramezzina,
au-dessus de Grianta. » Il tue un cavalier prussien, mais cette
prouesse n'empêche évidemment pas la catastrophe de s'accomplir,
et Fabrice se trouve mêlé aux hasards de la défaite. Il retrouve la
cantinière, qui a perdu cheval et voiture. Toujours chevaleresque, il
l'oblige à prendre le sien et s'en procure un autre suivant les « lois de
la guerre ». Il réussit même à se faire prendre pour un véritable
hussard et se voit confier la garde d'un pont. Blessé à son tour, il est
transporté à l'auberge par les soins du maréchal des logis.

———— **QUESTIONS** ————

36. Quelle est la retombée réaliste dans ce passage? Soulignez la prise
de conscience de l'écart entre l'héroïsme vécu et l'héroïsme rêvé par
Fabrice. Montrez l'union profonde des illusions (ou désillusions) du
héros avec son besoin d'aimer ou d'être aimé. — Quel est l'intérêt dramatique de la réapparition de la cantinière qui termine l'épisode? Quel trait
essentiel du personnage de Fabrice souligne la remarque finale de
Stendhal?

37. SUR L'ENSEMBLE DU CHAPITRE III. — Valeur de ce chapitre dans la
construction romanesque : est-il un prologue, un « prélude » qui contient
les thèmes principaux ou a-t-il un rapport direct avec l'action du roman?
— Importance de cet épisode sur la formation morale de Fabrice.
Intérêt documentaire de l'épisode.

(Suite, v. p. 63.)

CHAPITRE V

[Le lendemain, au point du jour, Fabrice reprend conscience juste assez tôt pour s'apercevoir qu'il doit fuir l'auberge, livrée aux flammes. Se souvenant des conseils de la « bonne cantinière », il fuit avec un beau « sang froid ». Il fuira de même de l'auberge de l'Étrille malgré les larmes des filles de l'hôtesse, qui, moyennant quelques napoléons, lui ont procuré quelques nouveaux habits, qu'elles se mettent en devoir de rétrécir à son usage. Les diamants encore conservés dans la doublure le font passer pour un « prince déguisé ». Malgré le romanesque charmant de cette situation, Fabrice quitte ses nouveaux hôtes dans un « petit cabriolet tout délabré mais attelé de deux bons chevaux de poste ». Après avoir souffert de nouveau et de sa plaie mal débridée et des circonstances ordinaires, il commence à réfléchir sérieusement à sa situation : « Il n'était resté enfant que sur un point : ce qu'il avait vu était-ce une bataille, et, en second lieu, cette bataille était-elle Waterloo ? » Une lettre de la comtesse Pietranera achève de le convaincre tout en l'intriguant. Suivant ses directives, Fabrice se rend à Genève, où un homme appartenant à la comtesse lui raconte qu'il a été dénoncé à la police de Milan par son frère aîné, Ascagne, « comme étant allé porter à Napoléon des propositions arrêtées par une vaste conspiration [...] ».

Il ne peut se défendre d'un « sentiment d'orgueil », mais il est maintenant classé parmi les suspects. Il doit donc se déguiser en chasseur pour regagner Grianta par les sentiers de contrebandiers et doit, après les premières effusions des retrouvailles avec sa tante, sa mère et ses sœurs, se cacher de son père, de son frère et de la « terrible police de Milan ».]

On suivit cette idée ; mais le marquis et son fils aîné remarquèrent le jour d'après, que la marquise était sans cesse dans la chambre de sa belle-sœur. Nous ne nous arrêterons pas à peindre les transports de tendresse et de joie qui ce jour-là

────── **QUESTIONS** ──────

— Stendhal s'est-il fait historien de la bataille ? En quoi ? Qu'apporte-t-il de nouveau aux lecteurs de son temps ? Comparez Stendhal à Victor Hugo et à Tolstoï *(Guerre et Paix)* pour leur interprétation du mythe napoléonien et de la bataille de l'Empereur.

— Étudiez la variété des tons et des tours du récit, mais remarquez l'absence voulue de toute grandiloquence. Quel est l'effet obtenu ?

— Appréciez la définition de M. Bardèche qui fait de l'épisode de Fabrice à Waterloo « un poème de l'ingénuité ».

5 encore agitèrent ces êtres si heureux. Les cœurs italiens sont,
beaucoup plus que les nôtres, tourmentés par les soupçons et
par les idées folles que leur présente une imagination brûlante,
mais en revanche leurs joies sont bien plus intenses et durent
plus longtemps [79]. Ce jour-là la comtesse et la marquise étaient
10 absolument privées de leur raison; Fabrice fut obligé de recommencer tous ses récits : enfin on résolut d'aller cacher la joie
commune à Milan, tant il sembla difficile de se dérober plus
longtemps à la police du marquis et de son fils Ascagne.

On prit la barque ordinaire de la maison pour aller à Côme;
15 en agir autrement eût été réveiller mille soupçons; mais en
arrivant au port de Côme la marquise se souvint qu'elle avait
oublié à Grianta des papiers de la dernière importance : elle
se hâta d'y renvoyer les bateliers, et ces hommes ne purent
faire aucune remarque sur la manière dont ces deux dames
20 employaient leur temps à Côme. A peine arrivées, elles louèrent
au hasard une de ces voitures qui attendent pratique près de
cette haute tour [80] du moyen âge qui s'élève au-dessus de la
porte de Milan. On partit à l'instant même sans que le cocher
eût le temps de parler à personne. A un quart de lieue de la ville,
25 on trouva un jeune chasseur de la connaissance de ces dames,
et qui par complaisance, comme elles n'avaient aucun homme
avec elles, voulut bien leur servir de chevalier jusqu'aux portes
de Milan, où il se rendait en chassant. **(38)** Tout allait bien, et
ces dames faisaient la conversation la plus joyeuse avec le
30 jeune voyageur, lorsqu'à un détour que fait la route pour tourner la charmante colline et le bois de San-Giovanni, trois gen-

---

79. Dans son *Avertissement au lecteur*, Stendhal, adepte des théories de Mme de
Staël, avait déjà signalé cette différence qui lui semblait essentielle entre le tempérament de l'homme du Nord et de celui du Midi. Il note : « Les cœurs de ces pays-là
diffèrent assez des cœurs français : les Italiens sont sincères, bonnes gens, et non
effarouchés disent ce qu'ils pensent; ce n'est que par accès qu'ils ont de la vanité :
alors elle devient passion et prend le nom de « puntiglio » (point d'honneur) [...] »;
et plus loin il remarque : « Il me semble que toutes les fois qu'on s'avance de deux
cents lieues du midi au nord, il y a lieu à un nouveau paysage comme à un nouveau
roman »; 80. Il s'agit de la tour du Baradello, située aux portes de Côme.

———— QUESTIONS ————

38. Étudiez dans ces circonstances préliminaires à la première rencontre fortuite de Fabrice et de Clélia le mélange de folie et de précautions
qui inspirent la conduite des personnages. Quels traits de mœurs ou de
caractères trahissent ici l'« âme italienne »? — Appréciez le parallélisme
des constructions répétées : *on suivit..., on résolut..., on prit..., on partit...*
Quel est l'effet produit?

darmes déguisés sautèrent à la bride des chevaux. — Ah! mon
mari nous a trahis! s'écria la marquise, et elle s'évanouit. Un
maréchal des logis [81] qui était resté un peu en arrière s'appro-
35 cha de la voiture en trébuchant, et dit d'une voix qui avait l'air
de sortir du cabaret :

— Je suis fâché de la mission que j'ai à remplir, mais je
vous arrête, général Fabio Conti.

Fabrice crut que le maréchal des logis lui faisait une mauvaise
40 plaisanterie en l'appelant *général*. Tu me la paieras, se dit-il; il
regardait les gendarmes déguisés, et guettait le moment favorable pour sauter à bas de la voiture et se sauver à travers
champs.

La comtesse sourit à tout hasard, je crois, puis dit au maré-
45 chal des logis :

— Mais, mon cher maréchal, est-ce donc cet enfant de seize
ans que vous prenez pour le général Conti?

— N'êtes-vous pas la fille du général, dit le maréchal des
logis?

50 — Voyez mon père, dit la comtesse en montrant Fabrice.
Les gendarmes furent saisis d'un rire fou.

— Montrez vos passeports sans raisonner, reprit le maréchal
des logis piqué de la gaieté générale.

— Ces dames n'en prennent jamais pour aller à Milan, dit
55 le cocher d'un air froid et philosophique; elles viennent
de leur château de Grianta. Celle-ci est madame la comtesse
Pietranera, celle-là, madame la marquise del Dongo. **(39)**

Le maréchal de logis, tout déconcerté, passa à la tête des
chevaux, et là tint conseil avec ses hommes. La conférence
60 durait bien depuis cinq minutes, lorsque la comtesse Pietranera pria ces messieurs de permettre que la voiture fût avancée
de quelques pas et placée à l'ombre; la chaleur était accablante,
quoiqu'il ne fût que onze heures du matin. Fabrice, qui regar-

---

81. *Maréchal des logis.* Cette appellation a désigné dans l'armée de l'Ancien
Régime plusieurs charges d'officiers et de sous-officiers. Ceux-ci étaient notamment
chargés du bon ordre et de la discipline de leur régiment.

——— **QUESTIONS** ———

39. Quel contraste s'établit dans le rythme du récit dès la première
phrase? Comment le changement d'expression trahit-il l'événement
fortuit? En quoi consiste l'art de la mise en scène dans ce passage?
Relevez les réactions successives de chaque personnage devant cet étrange
quiproquo. Qui va sauver la situation?

dait fort attentivement de tous les côtés, cherchant le moyen de
65 se sauver, vit déboucher d'un petit sentier à travers champs, et
arriver sur la grande route, couverte de poussière, une jeune fille
de quatorze à quinze ans qui pleurait timidement sous son
mouchoir. Elle s'avançait à pied entre deux gendarmes en uniforme, et, à trois pas derrière elle, aussi entre deux gendarmes,
70 marchait un grand homme sec qui affectait des airs de dignité
comme un préfet suivant une procession. (**40**)

— Où les avez-vous donc trouvés? dit le maréchal des logis
tout à fait ivre en ce moment.

— Se sauvant à travers champs, et pas plus de passeports que
75 sur la main.

Le maréchal des logis parut perdre tout à fait la tête; il avait
devant lui cinq prisonniers au lieu de deux qu'il lui fallait. Il
s'éloigna de quelques pas, ne laissant qu'un homme pour garder
le prisonnier qui faisait de la majesté, et un autre pour empêcher
80 les chevaux d'avancer.

— Reste, dit la comtesse à Fabrice qui déjà avait sauté à
terre, tout va s'arranger.

On entendit un gendarme s'écrier :

— Qu'importe! s'ils n'ont pas de passeports, ils sont de
85 bonne prise tout de même. Le maréchal des logis semblait
n'être pas tout à fait aussi décidé; le nom de la comtesse Pietranera lui donnait de l'inquiétude, il avait connu le général,
dont il ne savait pas la mort. Le général n'est pas homme à ne
pas se venger si j'arrête sa femme mal à propos, se disait-il.

90 Pendant cette délibération qui fut longue, la comtesse avait
lié conversation avec la jeune fille qui était à pied sur la route
et dans la poussière à côté de la calèche; elle avait été frappée
de sa beauté.

— Le soleil va vous faire mal, mademoiselle; ce brave sol-
95 dat, ajouta-t-elle en parlant au gendarme placé à la tête des
chevaux, vous permettra bien de monter en calèche.

Fabrice, qui rôdait autour de la voiture, s'approcha pour
aider la jeune fille à monter. Celle-ci s'élançait déjà sur le

─────── **QUESTIONS** ───────

40. Montrez l'enchaînement naturel des circonstances et notez la précision des détails préparant le tableau qui va suivre. Quelle est leur
importance? Appréciez l'image en gros plan et en mouvement qui nous
est donnée de Clélia. Quels sont les contrastes dans ce tableau? A travers
qui les voyons-nous? Analysez les divers sentiments de Fabrice à cette
apparition.

marchepied, le bras soutenu par Fabrice, lorsque l'homme
100 imposant, qui était à six pas en arrière de la voiture, cria d'une
voix grossie par la volonté d'être digne :

— Restez sur la route, ne montez pas dans une voiture qui ne
vous appartient pas.

Fabrice n'avait pas entendu cet ordre; la jeune fille, au lieu
105 de monter dans la calèche, voulut redescendre, et Fabrice
continuant à la soutenir, elle tomba dans ses bras. Il sourit, elle
rougit profondément; ils restèrent un instant à se regarder
après que la jeune fille se fut dégagée de ses bras.

— Ce serait une charmante compagne de prison, se dit
110 Fabrice : quelle pensée profonde sous ce front! elle saurait
aimer. **(41)**

Le maréchal des logis s'approcha d'un air d'autorité :
— Laquelle de ces dames se nomme Clélia Conti?

— Moi, dit la jeune fille.

115 — Et moi, s'écria l'homme âgé, je suis le général Fabio
Conti, chambellan de S. A. S. monseigneur le prince de Parme;
je trouve fort inconvenant qu'un homme de ma sorte soit
traqué comme un voleur.

— Avant-hier, en vous embarquant au port de Côme,
120 n'avez-vous pas envoyé promener l'inspecteur de police qui
vous demandait votre passeport? Eh bien! aujourd'hui il
vous empêche de vous promener.

— Je m'éloignais déjà avec ma barque, j'étais pressé, le
temps étant à l'orage; un homme sans uniforme m'a crié du
125 quai de rentrer au port, je lui ai dit mon nom et j'ai continué
mon voyage.

— Et ce matin, vous vous êtes enfui de Côme?

— Un homme comme moi ne prend pas de passeport pour
aller de Milan voir le lac. Ce matin, à Côme, on m'a dit que
130 je serais arrêté à la porte, je suis sorti à pied avec ma fille;
j'espérais trouver sur la route quelque voiture qui me conduirait

━━━━━━━ **QUESTIONS** ━━━━━━━━━━━━━━

41. Quel personnage reprend en main la situation? Comment?
Montrez que les personnages secondaires sont décrits comme des marion-
nettes ou des automates burlesques. Comment ce changement de registre
entre le ton, la situation et les sentiments isole-t-il les personnages principaux? N'y a-t-il pas deux actions qui se déroulent ici sur deux plans
différents : l'intrigue fortuite et les premiers éléments de cristallisation
entre Fabrice et Clélia? Soulignez les rapports du hasard et de la pré-
monition dans ce passage.

jusqu'à Milan, où certes ma première visite sera pour porter mes plaintes au général commandant la province.

Le maréchal des logis parut soulagé d'un grand poids.

135 — Eh bien! général, vous êtes arrêté, et je vais vous conduire à Milan. Et vous, qui êtes-vous? dit-il à Fabrice.

— Mon fils, reprit la comtesse : Ascagne, fils du général de division Pietranera.

— Sans passeport, madame la comtesse? dit le maréchal des
140 logis fort radouci.

— A son âge il n'en a jamais pris; il ne voyage jamais seul, il est toujours avec moi.

Pendant ce colloque, le général Conti faisait de la dignité de plus en plus offensée avec les gendarmes.

145 — Pas tant de paroles, lui dit l'un d'eux, vous êtes arrêté, suffit!

— Vous serez trop heureux, dit le maréchal des logis, que nous consentions à ce que vous louiez un cheval de quelque paysan; autrement, malgré la poussière et la chaleur, et le grade
150 de chambellan de Parme, vous marcherez fort bien à pied au milieu de nos chevaux.

Le général se mit à jurer.

— Veux-tu bien te taire! reprit le gendarme. Où est ton uniforme de général? Le premier venu ne peut-il pas dire qu'il est
155 général?

Le général se fâcha de plus belle. Pendant ce temps les affaires allaient beaucoup mieux dans la calèche. (42)

La comtesse faisait marcher les gendarmes comme s'ils eussent été ses gens. Elle venait de donner un écu à l'un d'eux
160 pour aller chercher du vin et surtout de l'eau fraîche dans une cassine [82] que l'on apercevait à deux cents pas. Elle avait trouvé le temps de calmer Fabrice, qui, à toute force, voulait se sauver dans le bois qui couvrait la colline; j'ai de bons pistolets, disait-il. Elle obtint du général irrité qu'il laisserait monter sa fille
165 dans la voiture. A cette occasion, le général, qui aimait à parler de lui et de sa famille, apprit à ces dames que sa fille n'avait que

---

82. *Cassine :* petite maison isolée au milieu des champs.

———— QUESTIONS ————

42. Étudiez la vivacité comique du dialogue. Quel sous-titre pourriez-vous donner à cette scène? Montrez la variété de ton des différents protagonistes.

douze ans, étant née en 1803, le 27 octobre ; mais tout le monde
lui donnait quatorze ou quinze ans, tant elle avait de raison.

Homme tout à fait commun, disaient les yeux de la comtesse
170 à la marquise. Grâce à la comtesse, tout s'arrangea après un
colloque d'une heure. Un gendarme, qui se trouva avoir affaire
dans le village voisin, loua son cheval au général Conti, après
que la comtesse lui eut dit : Vous aurez 10 francs. Le maréchal
des logis partit seul avec le général ; les autres gendarmes res-
175 tèrent sous un arbre en compagnie avec quatre énormes bouteilles de vin, sorte de petites *dames-jeannes* [83], que le gendarme
envoyé à la cassine avait rapportées, aidé par un paysan.
Clélia Conti fut autorisée par le digne chambellan à accepter,
pour revenir à Milan, une place dans la voiture de ces dames,
180 et personne ne songea à arrêter le fils du brave général comte
Pietranera. Après les premiers moments donnés à la politesse
et aux commentaires sur le petit incident qui venait de se ter-
miner, Clélia Conti remarqua la nuance d'enthousiasme avec
laquelle une aussi belle dame que la comtesse parlait à Fabrice ;
185 certainement elle n'était pas sa mère. Son attention fut surtout
excitée par des allusions répétées à quelque chose d'héroïque,
de hardi, de dangereux au suprême degré, qu'il avait fait depuis
peu ; mais, malgré toute son intelligence, la jeune Clélia ne put
deviner de quoi il s'agissait.

190 Elle regardait avec étonnement ce jeune héros dont les yeux
semblaient respirer encore tout le feu de l'action. Pour lui, il
était un peu interdit de la beauté si singulière de cette jeune fille
de douze ans, et ses regards la faisaient rougir.

Une lieue avant d'arriver à Milan, Fabrice dit qu'il allait
195 voir son oncle, et prit congé des dames.

— Si jamais je me tire d'affaire, dit-il à Clélia, j'irai voir les
beaux tableaux de Parme, et alors daignerez-vous vous rappeler
ce nom : Fabrice del Dongo ?

— Bon ! dit la comtesse, voilà comme tu sais garder l'inco-
200 gnito ! Mademoiselle, daignez vous rappeler que ce mauvais
sujet est mon fils et s'appelle Pietranera et non del Dongo.

Le soir, fort tard, Fabrice rentra dans Milan par la porte
Renza [84], qui conduit à une promenade à la mode. L'envoi des
deux domestiques en Suisse avait épuisé les fort petites écono-
205 mies de la marquise et de sa sœur ; par bonheur, Fabrice avait

---

83. *Dame-jeanne* : grosse bouteille de terre ou de verre ; 84. La *porte « Renza »*,
actuellement la porte Venezia, est située à l'est de Milan, à l'entrée du Corso.

encore quelques napoléons, et l'un des diamants, qu'on résolut de vendre. **(43) (44)**

[Malgré les interventions en faveur de Fabrice « dans le parti autrichien et dévôt », le baron Binder, chef de la police demande justification « de l'itinéraire du jeune homme » et maintient ses griefs contre lui sous peine de devoir le « retenir en prison ». Aussi la mère et la tante de Fabrice décident-elles que, pour lui, mieux vaut l'exil, et le font évader déguisé en paysan de l'autre côté de la frontière « dans une terre que sa mère avait au Piémont, près de Novare ». Pour couvrir sa fuite elles se rendent dans leur loge à la Scala où elles feignent d'écouter le spectacle et où elles peuvent rencontrer quelques amis du parti libéral. On convient de consulter « un certain chanoine Borda » qui, jadis, avait courtisé la comtesse... Celle-ci, surmontant ses répugnances, se décide à cette intervention décisive pour son neveu. Or, par un revirement de sentiments et de situation, à l'apparition de la séduisante comtesse cet « ancien *coquin* » se montre « galant homme »! Ainsi, avec l'approbation tacite du redoutable baron Binder, Fabrice se voit-il établir un programme d'exil dicté par le chanoine avec un peu de malice. Notre héros l'accomplit point par point et sa conduite reste insoupçonnable aux yeux de la société du gros bourg de Romagnan. « Sa simplicité passait pour de la hauteur ; on ne savait que dire de ce caractère. *C'est un cadet mécontent de n'être pas aîné*, dit le curé. »]

─────── **QUESTIONS** ───────

43. Comment l'auteur traduit-il ici l'autorité souveraine de la comtesse ? Comment l'expliquez-vous ? Quels procédés de style concourent dans ce passage à faire de celle-ci une sorte de « diva » autour de laquelle tous s'inclinent ? Par contraste avec la vivacité de la comtesse, comment nous apparaît Clélia ? — Pourquoi l'auteur déplace-t-il brusquement le centre d'intérêt de la scène ? Quelle importance prennent le rôle du regard et ce premier échange muet des âmes de Fabrice et de Clélia ? Quel rôle particulier joue la notation deux fois soulignée de la beauté de Clélia, « promesse de bonheur » selon Stendhal ?

44. SUR L'ENSEMBLE DU CHAPITRE V. — Quelle est l'importance de ce chapitre dans l'action ?

— Y a-t-il déjà une ébauche d'intrigue nouée entre Fabrice et Clélia ? Cet épisode prépare-t-il la seconde rencontre de Fabrice et de Clélia (voir liv. II, chap. xv) ?

— Montrez que, désormais, dans ce long prélude au roman, le thème de l'amour est introduit après celui de l'héroïsme.

— Étudiez dans ce chapitre un exemple parfait du début de cristallisation entre les jeunes héros, passant successivement et réciproquement de l'étonnement à l'admiration. Ce chapitre nous a-t-il également fixés sur la passion que la comtesse voue déjà à son neveu ? Comment celle-ci se traduit-elle ?

— Dès ce chapitre, le destin de Fabrice semble-t-il déjà fixé ?

« Au milieu de ces collines aux formes admirables et se précipitant vers le lac par des pentes si singulières, je puis garder toutes les illusions des descriptions du Tasse et de l'Arioste. » (P. 43, l. 102-105.)

Le lac de Côme.

CHAPITRE VI

Nous avouerons avec sincérité que la jalousie du chanoine Borda n'avait pas absolument tort[85] ; à son retour de France, Fabrice parut aux yeux de la comtesse Pietranera comme un bel étranger qu'elle eût beaucoup connu jadis. S'il eût parlé
5 d'amour, elle l'eût aimé ; n'avait-elle pas déjà pour sa conduite et sa personne une admiration passionnée et pour ainsi dire sans bornes ? Mais Fabrice l'embrassait avec une telle effusion d'innocente reconnaissance et de bonne amitié, qu'elle se fût fait horreur à elle-même si elle eût cherché un autre sentiment
10 dans cette amitié presque filiale. Au fond, se disait la comtesse, quelques amis qui m'ont connue il y a six ans, à la cour du prince Eugène[86], peuvent encore me trouver jolie et même jeune, mais pour lui je suis une femme respectable... et, s'il faut tout dire sans nul ménagement pour mon amour-propre, une
15 femme âgée[87]. La comtesse se faisait illusion sur l'époque de la vie où elle était arrivée, mais ce n'était pas à la façon des femmes vulgaires. A son âge, d'ailleurs, ajoutait-elle, on s'exagère un peu les ravages du temps ; un homme plus avancé dans la vie...

La comtesse, qui se promenait dans son salon, s'arrêta devant
20 une glace, puis sourit. Il faut savoir que depuis quelques mois le cœur de Mᵐᵉ Pietranera était attaqué d'une façon sérieuse et par un singulier personnage. Peu après le départ de Fabrice pour la France, la comtesse qui, sans qu'elle se l'avouât tout à fait, commençait déjà à s'occuper beaucoup de lui, était tom-
25 bée dans une profonde mélancolie. Toutes ses occupations lui semblaient sans plaisir, et, si l'on ose ainsi parler, sans saveur ; elle se disait que Napoléon voulant s'attacher ses peuples d'Italie prendrait Fabrice pour aide de camp. — Il est perdu pour moi ! s'écriait-elle en pleurant, je ne le reverrai plus : il
30 m'écrira, mais que serai-je pour lui dans dix ans ? (45)

Ce fut dans ces dispositions qu'elle fit un voyage à Milan ;

---

85. Le *chanoine Borda* a deviné l'amour que la comtesse porte à son neveu ;
86. *Prince Eugène* : voir note 34 ; 87. La comtesse a trente-deux ans, donc quinze de plus que Fabrice.

━━━━━━━ **QUESTIONS** ━━━━━━━━━━━━━━━━━
Questions 45, v. p. 73.

elle espérait y trouver des nouvelles plus directes de Napoléon,
et, qui sait, peut-être par contre-coup des nouvelles de Fabrice.
Sans se l'avouer, cette âme active commençait à être bien lasse
35 de la vie monotone qu'elle menait à la campagne : c'est
s'empêcher de mourir, se disait-elle, ce n'est pas vivre. Tous les
jours voir ces figures *poudrées* [88], le frère, le neveu Ascagne, leurs
valets de chambre! Que seraient les promenades sur le lac sans
Fabrice? Son unique consolation était puisée dans l'amitié qui
40 l'unissait à la marquise. Mais depuis quelque temps, cette
intimité avec la mère de Fabrice, plus âgée qu'elle, et désespé-
rant de la vie, commençait à lui être moins agréable.

Telle était la position singulière de Mme Pietranera : Fabrice
parti, elle espérait peu de l'avenir; son cœur avait besoin de
45 consolation et de nouveauté. Arrivée à Milan, elle se prit de
passion pour l'opéra à la mode; elle allait s'enfermer toute
seule, durant de longues heures, à la Scala, dans la loge du
général Scotti, son ancien ami. Les hommes qu'elle cherchait à
rencontrer pour avoir des nouvelles de Napoléon et de son
50 armée lui semblaient vulgaires et grossiers. Rentrée chez elle,
elle improvisait sur son piano jusqu'à trois heures du matin.
(46) Un soir, à la Scala [89], dans la loge d'une de ses amies, où
elle allait chercher des nouvelles de France, on lui présenta le
comte Mosca [90], ministre de Parme [91] : c'était un homme
55 aimable et qui parla de la France et de Napoléon de façon à
donner à son cœur de nouvelles raisons pour espérer ou pour
craindre. Elle retourna dans cette loge le lendemain : cet

---

88. Voir note 22 ; 89. *La Scala :* théâtre lyrique de Milan, particulièrement cher à
Stendhal à cause de son goût pour la musique, pour la vie de société qui règne dans
les loges, ainsi que pour des raisons plus sentimentales ; 90. *Le comte Mosca.* Ce
personnage, une des plus extraordinaires créations de Stendhal, porte un nom déjà
familier à l'auteur, issu à la fois du monde musical et du monde politique. On n'ignore
pas l'existence d'un marquis Mosca dont les idées libérales étaient connues et qui fut
directeur de la police à Milan avant 1812 ; 91. Stendhal décrit en réalité le duché
de Modène sous le nom de Parme.

—————— QUESTIONS ——————

45. Notez ici la finesse de l'analyse psychologique de Stendhal. — Quel
sentiment rend le chanoine Borda particulièrement perspicace ? Montrez
combien Gina est à la fois lucide et aveugle sur ses propres sentiments. —
Comment ce début de chapitre prépare-t-il l'entrée en scène du comte
Mosca ?

46. Étudiez l'état d'âme de Gina. En quoi consiste ce que Stendhal
nomme sa *position singulière ?* — Quels sont les éléments autobiographiques que vous pouvez déceler dans ce passage ? — Que révèle chez
Gina l'amour passionné de la musique ?

homme d'esprit revint, et, tout le temps du spectacle, elle lui
parla avec plaisir. Depuis le départ de Fabrice, elle n'avait
60 pas trouvé une soirée vivante comme celle-là. Cet homme
qui l'amusait, le comte Mosca della Rovere Sorezana, était
alors ministre de la guerre, de la police et des finances de ce
fameux prince de Parme, Ernest IV [92], si célèbre par ses sévérités que les libéraux de Milan appelaient des cruautés. Mosca
65 pouvait avoir quarante ou quarante-cinq ans; il avait de
grands traits, aucun vestige d'importance, et un air simple et
gai qui prévenait en sa faveur; il eût été fort bien encore, si une
bizarrerie de son prince ne l'eût obligé à porter de la poudre
dans les cheveux comme gages de bons sentiments politiques.
70 Comme on craint peu de choquer la vanité, on arrive fort vite
en Italie au ton de l'intimité, et à dire des choses personnelles.
Le correctif de cet usage est de ne pas se revoir si l'on s'est
blessé [93].

— Pourquoi donc, comte, portez-vous de la poudre? lui
75 dit Mme Pietranera la troisième fois qu'elle le voyait. De la
poudre! un homme comme vous, aimable, encore jeune et qui
a fait la guerre en Espagne avec nous!

— C'est que je n'ai rien volé dans cette Espagne, et qu'il
faut vivre. J'étais fou de la gloire; une parole flatteuse du
80 général français, Gouvion-Saint-Cyr [94], qui nous commandait,
était alors tout pour moi. A la chute de Napoléon, il s'est
trouvé que, tandis que je mangeais mon bien à son service, mon
père, homme d'imagination et qui me voyait déjà général, me
bâtissait un palais dans Parme. En 1813, je me suis trouvé pour
85 tout bien un grand palais à finir et une pension.

— Une pension : 3.500 francs, comme mon mari?

— Le comte Pietranera était général de division. Ma pension, à moi, pauvre chef d'escadron, n'a jamais été que de

---

92. Ranuce-Ernest IV est dépeint d'après le modèle du souverain de Modène
François IV, dont il emprunte les traits de caractère et les rigueurs de gouvernement;
93. Stendhal lui-même a prévenu les critiques du style de ce passage et maintenu
son expression en la justifiant par cette note de l'édition Chaper, datée du 4 novembre 1840 à Civitavecchia : « A Paris, on l'appellerait ce paragraphe inélégant. Je
l'appelle clair et ne veux pas l'élégantiser, par exemple ôter les deux *avoir*, *avait* et
les remplacer par une tournure déclamatoire ou une périphrase »; 94. *Gouvion-
Saint-Cyr* (Laurent, marquis de) [1764-1830] : maréchal de France. Il se distingua
dans les guerres de la Révolution. Le Premier consul le nomma ambassadeur à
Madrid, puis colonel général des cuirassiers. Il obtint le commandement de l'armée
de Catalogne et suivit la campagne de Russie. Tenu à l'écart pendant les Cent-Jours,
il fut nommé ministre de la Guerre par Louis XVIII et pair de France. Il était très
admiré de Stendhal, qui donne ses *Mémoires* à lire à Julien Sorel et à Lucien Leuwen.

800 francs, et encore je n'en ai été payé que depuis que je suis
90 ministre des finances.

Comme il n'y avait dans la loge que la dame d'opinions fort
libérales à laquelle elle appartenait, l'entretien continua avec la
même franchise. Le comte Mosca, interrogé, parla de sa vie à
Parme. En Espagne, sous le général Saint-Cyr, j'affrontais des
95 coups de fusil pour arriver à la croix et ensuite à un peu de
gloire, maintenant je m'habille comme un personnage de
comédie pour gagner un grand état de maison et quelques
milliers de francs. Une fois entré dans cette sorte de jeu
d'échecs, choqué des insolences de mes supérieurs, j'ai voulu
100 occuper une des premières places; j'y suis arrivé : mais mes
jours les plus heureux sont toujours ceux que de temps à autre
je puis venir passer à Milan; là vit encore, ce me semble, le
cœur de votre armée d'Italie. **(47)**

La franchise, la *disinvoltura* avec laquelle parlait ce ministre
105 d'un prince si redouté piqua la curiosité de la comtesse; sur
son titre elle avait cru trouver un pédant plein d'importance,
elle voyait un homme qui avait honte de la gravité de sa place.
Mosca lui avait promis de lui faire parvenir toutes les nouvelles
de France qu'il pourrait recueillir : c'était une grande indiscré-
110 tion à Milan, dans le mois qui précéda Waterloo; il s'agissait
alors pour l'Italie d'être ou de n'être pas; tout le monde avait
la fièvre, à Milan, d'espérance ou de crainte. Au milieu de ce
trouble universel, la comtesse fit des questions sur le compte
d'un homme qui parlait si lestement d'une place si enviée et
115 qui était sa seule ressource.

Des choses curieuses et d'une bizarrerie intéressante furent
rapportées à Mme Pietranera : Le comte Mosca della Rovere
Sorezana, lui dit-on, est sur le point de devenir premier ministre
et favori déclaré de Ranuce-Ernest IV, souverain absolu de
120 Parme, et, de plus, l'un des princes les plus riches de

───────── **QUESTIONS** ─────────

47. Dans quel cadre et dans quelles circonstances Stendhal a-t-il placé
la rencontre de Mosca et de Gina Pietranera ? Les circonstances servent-
elles Mosca ? — Quel trait du personnage Stendhal a-t-il mis en valeur ?
Quelles chances a-t-il de pouvoir distraire Gina ? Précisez l'art du portrait
dans cette présentation de Mosca. — Quel élément de sa biographie va
particulièrement captiver Gina ? Appréciez la réplique : *un homme comme
vous encore jeune et qui a fait la guerre d'Espagne avec nous* (ligne 76).
Que marque cette réapparition du mythe de l'héroïsme napoléonien ?
Mosca a-t-il conscience de porter un masque et de jouer un rôle à la cour
de Parme ? Conserve-t-il une nostalgie secrète ? Laquelle ?

l'Europe [95]. Le comte serait déjà arrivé à ce poste suprême s'il
eût voulu prendre une mine plus grave; on dit que le prince lui
fait souvent la leçon à cet égard.

— Qu'importent mes façons à Votre Altesse, répond-il
125 librement, si je fais bien mes affaires?

— Le bonheur de ce favori, ajoutait-on, n'est pas sans
épines. Il faut plaire à un souverain, homme de sens et d'esprit
sans doute, mais qui, depuis qu'il est monté sur un trône
absolu, semble avoir perdu la tête et montre, par exemple, des
130 soupçons dignes d'une femmelette. (**48**)

Ernest IV n'est brave qu'à la guerre. Sur les champs de
bataille, on l'a vu vingt fois guider une colonne à l'attaque en
brave général; mais après la mort de son père Ernest III, de
retour dans ses états, où, pour son malheur, il possède un
135 pouvoir sans limites, il s'est mis à déclamer follement contre les
libéraux et la liberté. Bientôt il s'est figuré qu'on le haïssait;
enfin, dans un moment de mauvaise humeur, il a fait pendre
deux libéraux, peut-être peu coupables, conseillé à cela par un
misérable nommé Rassi [96], sorte de ministre de la justice.

140 Depuis ce moment fatal, la vie du prince a été changée;
on le voit tourmenté par les soupçons les plus bizarres. Il n'a
pas cinquante ans, et la peur l'a tellement amoindri, si l'on
peut parler ainsi, que, dès qu'il parle des jacobins et des projets
du comité directeur de Paris, on lui trouve la physionomie d'un
145 vieillard de quatre-vingts ans; il retombe dans les peurs chimé-
riques de la première enfance. Son favori Rassi, fiscal général
(ou grand juge), n'a d'influence que par la peur de son maître;
et dès qu'il craint pour son crédit, il se hâte de découvrir
quelque nouvelle conspiration des plus noires et des plus chi-

---

95. Cette allusion à une fortune légendaire justifie le rapprochement entre Ranuce-
Ernest IV et le prince François de Modène; 96. *Rassi*, de l'aveu même de Stendhal,
était allemand. Ce personnage est, comme toute création stendhalienne, un amalgame fait de plusieurs souvenirs superposés, dont celui d'Antoine Raab, qui fut
directeur de la police de Milan vers 1819. Il a également les traits physiques du
comte Beugnot et des traits de caractère d'un Grec, méprisable chancelier du consulat de Civitavecchia. Balzac, dans son article, saluait dans ce personnage « un
mélange de Fouché, de Fouquier-Tinville, de Merlin, de Triboulet et de Scapin ».

——— QUESTIONS ———

48. Comment pouvez-vous définir la *disinvoltura* du comte Mosca?
Ne peut-on déceler une parenté entre Mosca et Stendhal? Quel sentiment
éprouve Gina à l'égard du comte? — Étudiez le dynamisme du portrait
à la fin de ce passage.

150 mériques. Trente imprudents se réunissent-ils pour lire un
numéro du *Constitutionnel* [97], Rassi les déclare conspirateurs
et les envoie prisonniers dans cette fameuse citadelle de Parme,
terreur de toute la Lombardie. Comme elle est fort élevée, cent
quatre-vingts pieds, dit-on, on l'aperçoit de fort loin au milieu
155 de cette plaine immense ; et la forme physique de cette prison,
de laquelle on raconte des choses horribles, la fait reine, de par
la peur, de toute cette plaine, qui s'étend de Milan à Bologne [98].
— Le croiriez-vous ? disait à la comtesse un autre voyageur,
la nuit, au troisième étage de son palais, gardé par quatre-
160 vingts sentinelles qui, tous les quarts d'heure, hurlent une phrase
entière, Ernest IV tremble dans sa chambre. Toutes les portes
fermées à dix verrous, et les pièces voisines, au-dessus comme
au-dessous, remplies de soldats, il a peur des jacobins. Si une
feuille du parquet vient à crier, il saute sur ses pistolets et croit
165 à un libéral caché sous son lit. Aussitôt toutes les sonnettes du
château sont en mouvement, et un aide de camp va réveiller le
comte Mosca. Arrivé au château, ce ministre de la police se
garde bien de nier la conspiration, au contraire ; seul avec le
prince, et armé jusqu'aux dents, il visite tous les coins des
170 appartements, regarde sous les lits, et, en un mot, se livre à une
foule d'actions ridicules dignes d'une vieille femme [99]. Toutes
ces précautions eussent semblé bien avilissantes au prince lui-
même dans les temps heureux où il faisait la guerre et n'avait
tué personne qu'à coups de fusil. Comme c'est un homme
175 d'infiniment d'esprit, il a honte de ces précautions ; elles lui
semblent ridicules, même au moment où il s'y livre, et la source
de l'immense crédit du comte Mosca, c'est qu'il emploie toute
son adresse à faire que le prince n'ait jamais à rougir en sa
présence. C'est lui, Mosca, qui, en sa qualité de ministre de la
180 police, insiste pour regarder sous les meubles, et, dit-on à
Parme, jusque dans les étuis des contrebasses. C'est le prince
qui s'y oppose, et plaisante son ministre sur sa ponctualité
excessive. Ceci est un pari, lui répond le comte Mosca : songez
aux sonnets satiriques dont les jacobins nous accableraient si
185 nous vous laissions tuer. Ce n'est pas seulement votre vie que

---

97. *Le Constitutionnel* : journal porte-parole du parti libéral de Paris ; 98. Stendhal
donne à l'imaginaire tour Farnèse, où Fabrice sera emprisonné, des analogies avec
le Spielberg, qui domine pareillement l'horizon de Moravie ; 99. Stendhal écrit dans
Rome, Naples et Florence (chap. II) : « On prétend que la peur les dévore, que quel-
ques-uns changent de chemise toutes les nuits, comme le Pygmalion de *Télémaque*. »

nous défendons, c'est notre honneur : mais il paraît que le
prince n'est dupe qu'à demi, car si quelqu'un dans la ville
s'avise de dire que la veille on a passé une nuit blanche au
château, le grand fiscal Rassi envoie le mauvais plaisant à la
190 citadelle; et une fois dans cette demeure élevée et *en bon air*,
comme on dit à Parme, il faut un miracle pour que l'on se
souvienne du prisonnier. C'est parce qu'il est militaire, et
qu'en Espagne il s'est sauvé vingt fois le pistolet à la main,
au milieu des surprises, que le prince préfère le comte Mosca à
195 Rassi, qui est bien plus flexible et plus bas. Ces malheureux
prisonniers de la citadelle sont au secret le plus rigoureux, et
l'on fait des histoires sur leur compte. Les libéraux prétendent
que, par une invention de Rassi, les geôliers et confesseurs ont
ordre de leur persuader que, tous les mois à peu près, l'un
200 d'eux est conduit à la mort. Ce jour-là les prisonniers ont la
permission de monter sur l'esplanade de l'immense tour, à
cent quatre-vingts pieds d'élévation, et de là ils voient défiler
un cortège avec un espion qui joue le rôle d'un pauvre diable qui
marche à la mort. (**49**)

205   Ces contes, et vingt autres du même genre et d'une non
moindre authenticité, intéressaient vivement Mme Pietranera;
le lendemain elle demandait des détails au comte Mosca,
qu'elle plaisantait vivement. Elle le trouvait amusant et lui
soutenait qu'au fond il était un monstre sans s'en douter. Un
210 jour, en rentrant à son auberge, le comte se dit : Non seulement
cette comtesse Pietranera est une femme charmante; mais
quand je passe la soirée dans sa loge, je parviens à oublier
certaines choses de Parme dont le souvenir me perce le cœur.
    « Ce ministre, malgré son air léger et ses façons brillantes,
215 « n'avait pas une âme *à la française* [100]; il ne savait pas *oublier*
« les chagrins. Quand son chevet avait une épine, il était obligé
« de la briser et de l'user à force d'y piquer ses membres
« palpitants. » Je demande pardon pour cette phrase, traduite

---

100. Ici, nouvelle opposition entre l'âme passionnée des Italiens et l'âme étiolée
des Français.

======== **QUESTIONS** ========

49. Appréciez la présentation du personnage de Ranuce-Ernest. —
Étudiez la verve caricaturale de Stendhal. Quels traits accusent la petitesse
morale de ce souverain? Échappe-t-il à l'odieux? Par quel biais? — Comment Mosca se montre-t-il fin psychologue en même temps que fin politique auprès de Ranuce-Ernest? Nous est-il dépeint comme un ambitieux?

de l'italien. Le lendemain de cette découverte, le comte trouva
220 que, malgré les affaires qui l'appelaient à Milan, la journée
était d'une longueur énorme; il ne pouvait tenir en place; il
fatigua les chevaux de sa voiture. Vers les six heures, il monta à
cheval pour aller au *Corso*[101]; il avait quelque espoir d'y rencontrer Mme Pietranera; ne l'y ayant pas vue, il se rappela
225 qu'à huit heures le théâtre de la Scala ouvrait; il y entra et ne
vit pas dix personnes dans cette salle immense. Il eut quelque
pudeur de se trouver là. Est-il possible, se dit-il, qu'à quarante-cinq ans sonnés je fasse des folies dont rougirait un sous-
lieutenant! Par bonheur personne ne les soupçonne. Il s'enfuit
230 et essaya d'user le temps en se promenant dans ces rues si
jolies qui entourent le théâtre de la Scala. Elles sont occupées
par des cafés qui, à cette heure, regorgent de monde; devant
chacun de ces cafés, des foules de curieux établis sur des
chaises, au milieu de la rue, prennent des glaces et critiquent les
235 passants. Le comte était un passant remarquable; aussi eut-il le
plaisir d'être reconnu et accosté. Trois ou quatre importuns
de ceux qu'on ne peut brusquer, saisirent cette occasion d'avoir
audience d'un ministre si puissant. Deux d'entre eux lui
remirent des pétitions; le troisième se contenta de lui adresser
240 des conseils fort longs sur sa conduite politique.

On ne dort point, dit-il, quand on a tant d'esprit[102]; on ne se
promène point quand on est aussi puissant. Il rentra au théâtre
et eut l'idée de louer une loge au troisième rang; de là son
regard pourrait plonger, sans être remarqué de personne, sur
245 la loge des secondes où il espérait voir arriver la comtesse.
Deux grandes heures d'attente ne parurent point trop longues à
cet amoureux; sûr de n'être point vu, il se livrait avec bonheur
à toute sa folie. La vieillesse, se disait-il, n'est-ce pas, avant tout,
n'être plus capable de ces enfantillages délicieux?
250 Enfin la comtesse parut. Armé de sa lorgnette, il l'examinait
avec transport : Jeune, brillante, légère comme un oiseau, se
disait-il, elle n'a pas vingt-cinq ans. Sa beauté est son moindre
charme : où trouver ailleurs cette âme toujours sincère, qui
jamais n'agit *avec prudence*, qui se livre tout entière à l'impres-
255 sion du moment, qui ne demande qu'à être entraînée par

---

101. *Le Corso.* « En Italie, il serait de la dernière indécence de manquer à la promenade en voiture que l'on appelle le *Corso* et pour laquelle la bonne compagnie
se donne rendez-vous chaque jour » (*Napoléon*, chap. II); 102. Fable de La Fontaine,
le Gland et la Citrouille (IX, IV).

quelque objet nouveau? Je conçois les folies du comte
Nani [103]. (50)

Le comte se donnait d'excellentes raisons pour être fou, tant
qu'il ne songeait qu'à conquérir le bonheur qu'il voyait sous
260 ses yeux. Il n'en trouvait plus d'aussi bonnes quand il venait à
considérer son âge et les soucis quelquefois fort tristes qui rem-
plissaient sa vie. Un homme habile à qui la peur ôte l'esprit me
donne une grande existence et beaucoup d'argent pour être son
ministre; mais que demain il me renvoie, je reste vieux et pauvre,
265 c'est-à-dire tout ce qu'il y a au monde de plus méprisé; voilà
un aimable personnage à offrir à la comtesse! Ces pensées
étaient trop noires, il revint à Mme Pietranera; il ne pouvait
se lasser de la regarder, et pour mieux penser à elle il ne des-
cendait pas dans sa loge. Elle n'avait pris Nani, vient-on de me
270 dire, que pour faire pièce à cet imbécile de Limercati [104] qui ne
voulut pas entendre à donner un coup d'épée ou à faire donner
un coup de poignard à l'assassin du mari. Je me battrais
vingt fois pour elle, s'écria le comte avec transport! A chaque
instant il consultait l'horloge du théâtre qui par des chiffres
275 éclatants de lumière et se détachant sur un fond noir avertit les
spectateurs, toutes les cinq minutes, de l'heure où il leur est
permis d'arriver dans une loge amie. Le comte se disait : Je ne
saurais passer qu'une demi-heure tout au plus dans sa loge,
moi, connaissance de si fraîche date; si j'y reste davantage, je
280 m'affiche, et grâce à mon âge et plus encore à ces maudits
cheveux poudrés, j'aurai l'air attrayant d'un Cassandre. Mais
une réflexion le décida tout à coup : Si elle allait quitter cette
loge pour faire une visite, je serais bien récompensé de l'avarice
avec laquelle je m'économise ce plaisir. Il se levait pour des-
285 cendre dans la loge où il voyait la comtesse; tout à coup il ne se

---

103. Le *comte Nani* est le personnage désigné au chapitre II du livre premier
comme le comte de N***; **104.** *Limercati :* soupirant que la comtesse a abandonné
avec un mépris éclatant (voir note 43).

──────── **QUESTIONS** ────────

50. Quelle nouvelle phase de la cristallisation abordons-nous maintenant? Pourquoi Stendhal insiste-t-il sur l'âme italienne de Mosca?
Soulignez l'intérêt de l'autoanalyse du comte. Est-il dupe de ses propres
sentiments? Étudiez dans ce passage l'alternance du récit et du monologue
intérieur. — Appréciez à la fin du paragraphe l'emploi du style indirect
libre. L'observation de Mosca est-elle juste? Gina est-elle bien cette
âme toujours sincère qui jamais n'agit avec prudence (ligne 253)? En quoi
cette attitude peut-elle séduire le comte?

sentit presque plus d'envie de s'y présenter. Ah! voici qui est charmant, s'écria-t-il en riant de soi-même, et s'arrêtant sur l'escalier; c'est un mouvement de timidité véritable! voilà bien vingt-cinq ans que pareille aventure ne m'est arrivée. (51)

290 Il entra dans la loge en faisant presque effort sur lui-même; et, profitant en homme d'esprit de l'accident qui lui arrivait, il ne chercha point du tout à montrer de l'aisance ou à faire de l'esprit en se jetant dans quelque récit plaisant; il eut le courage d'être timide, il employa son esprit à laisser entrevoir son 295 trouble sans être ridicule. Si elle prend la chose de travers, se disait-il, je me perds à jamais. Quoi! timide avec des cheveux couverts de poudre, et qui sans le secours de la poudre paraî-traient gris! Mais enfin la chose est vraie, donc elle ne peut être ridicule que si je l'exagère ou si j'en fais trophée. La comtesse 300 s'était si souvent ennuyée au château de Grianta, vis-à-vis des figures poudrées de son frère, de son neveu et de quelques ennuyeux bien pensants du voisinage, qu'elle ne songea pas à s'occuper de la coiffure de son nouvel adorateur.

L'esprit de la comtesse ayant un bouclier contre l'éclat de rire 305 de l'entrée, elle ne fut attentive qu'aux nouvelles de France que Mosca avait toujours à lui donner en particulier, en arrivant dans la loge; sans doute il inventait. En les discutant avec lui, elle remarqua ce soir-là son regard qui était beau et bienveillant.

— Je m'imagine, lui dit-elle, qu'à Parme, au milieu de vos 310 esclaves, vous n'allez pas avoir ce regard aimable, cela gâte-rait tout et leur donnerait quelque espoir de n'être pas pendus.

L'absence totale d'importance chez un homme qui passait pour le premier diplomate de l'Italie parut singulière à la comtesse; elle trouva même qu'il avait de la grâce. Enfin, 315 comme il parlait bien et avec feu, elle ne fut point choquée qu'il eût jugé à propos de prendre pour une soirée, et sans consé-quence, le rôle d'attentif[105]. (52)

---

105. C'est-à-dire d'amoureux assidu.

─── **QUESTIONS** ───

51. Par quels termes Stendhal a-t-il souligné la montée de la passion? En amour comme en politique, Mosca est-il l'homme à laisser passer l'occasion? Pour quels motifs va-t-il passer outre les convenances? S'est-il, cependant, départi de son ironie à son propre égard? Quelle réflexion vous le prouve?

52. Comment Mosca retient-il l'attention de la jeune femme? Montrez qu'il a peu à peu réussi à l'intéresser à sa propre personne. Quels détails le prouvent?

Ce fut un grand pas de fait, et bien dangereux; par bonheur pour le ministre, qui, à Parme, ne trouvait pas de cruelles, 320 c'était seulement depuis peu de jours que la comtesse arrivait de Grianta; son esprit était encore tout raidi par l'ennui de la vie champêtre. Elle avait comme oublié la plaisanterie; et toutes ces choses qui appartiennent à une façon de vivre élégante et légère avaient pris à ses yeux comme une teinte de 325 nouveauté qui les rendait sacrées; elle n'était disposée à se moquer de rien, pas même d'un amoureux de quarante-cinq ans et timide. Huit jours plus tard, la témérité du comte eût pu recevoir un tout autre accueil.

A la Scala, il est d'usage de ne faire durer qu'une vingtaine 330 de minutes ces petites visites que l'on fait dans les loges; le comte passa toute la soirée dans celle où il avait le bonheur de rencontrer Mme Pietranera : c'est une femme, se disait-il, qui me rend toutes les folies de la jeunesse! Mais il sentait bien le danger. Ma qualité de pacha tout-puissant à quarante lieues 335 d'ici me fera-t-elle pardonner cette sottise? je m'ennuie tant à Parme! Toutefois, de quart d'heure en quart d'heure il se promettait de partir.

— Il faut avouer, madame, dit-il en riant à la comtesse, qu'à Parme je meurs d'ennui, et il doit m'être permis de 340 m'enivrer de plaisir quand j'en trouve sur ma route. Ainsi, sans conséquence et pour une soirée, permettez-moi de jouer auprès de vous le rôle d'amoureux. Hélas! dans peu de jours je serai bien loin de cette loge qui me fait oublier tous les chagrins et même, direz-vous, toutes les convenances. (53)

345 Huit jours après cette visite monstre dans la loge à la Scala, et à la suite de plusieurs petits incidents dont le récit semblerait long peut-être, le comte Mosca était absolument fou d'amour, et la comtesse pensait déjà que l'âge ne devait pas faire objection, si d'ailleurs on le trouvait aimable. On en était 350 à ces pensées quand Mosca fut rappelé par un courrier de Parme. On eût dit que son prince avait peur tout seul. La comtesse retourna à Grianta; son imagination ne parant plus ce beau lieu, il lui parut désert. Est-ce que je me serais attachée

─────────── QUESTIONS ───────────

53. Pourquoi Stendhal, en quelques lignes, a-t-il employé par deux fois *dangereux* et *danger* pour caractériser la situation du comte Mosca à l'égard de Gina? Qu'est-ce qui permet de supposer la moquerie possible de celle-ci? Le comte n'éprouve-t-il pas dès la naissance de sa passion une nuance d'inquiétude? Peut-il, dès à présent, en deviner la cause véritable? Quel effet, cependant, a-t-elle sur sa conduite?

à cet homme? se dit-elle. Mosca écrivit et n'eut rien à jouer,
355 l'absence lui avait enlevé la source de toutes ses pensées; ses
lettres étaient amusantes, et, par une petite singularité qui ne
fut pas mal prise, pour éviter les commentaires du marquis
del Dongo qui n'aimait pas à payer des ports de lettres, il
envoyait des courriers qui jetaient les siennes à la poste à
360 Côme, à Lecco, à Varèse ou dans quelque autre de ces petites
villes charmantes des environs du lac. Ceci tendait à obtenir
que le courrier lui rapportât les réponses; il y parvint.

Bientôt les jours de courrier firent événement pour la
comtesse; ces courriers apportaient des fleurs, des fruits, de
365 petits cadeaux sans valeur, mais qui l'amusaient, ainsi que sa
belle-sœur. Le souvenir du comte se mêlait à l'idée de son grand
pouvoir; la comtesse était devenue curieuse de tout ce qu'on
disait de lui, les libéraux eux-mêmes rendaient hommage à ses
talents. **(54)**

[Ainsi, l'habile stratégie amoureuse du comte Mosca a-t-elle réussi
à retenir l'intérêt de la comtesse. Celle-ci prend conscience de son
attachement pour lui lorsqu'elle s'en trouve séparée à son retour à
Grianta. Sensible à la séduction personnelle du comte, elle ne l'est
pas moins au « beau rôle » qu'il joue à la cour de Parme. Le comte
n'est donc pas absent des « rêves aimables » de la comtesse, et celle-ci
ne va pas mettre d'objection au « plan de conduite » qu'il lui propose. Elle choisit donc, parmi les propositions immorales du comte,
de venir vivre à Sacca et d'épouser, pour sauver les apparences, le
vieux duc de Sanseverina-Taxis. Ces conditions remplies, Gina,
nouvellement duchesse, peut faire son entrée à la cour de Parme avec
l'appui du souverain et de son ministre favori, le comte Mosca.]

370 Trois mois après les événements racontés jusqu'ici, la
duchesse Sanseverina Taxis [106] étonnait la cour de Parme par
son amabilité facile et par la noble sérénité de son esprit;
sa maison fut sans comparaison la plus agréable de la ville.
C'est ce que le comte Mosca avait promis à son maître. Ranuce-

---

106. La comtesse Pietranera, devenue duchesse Sanseverina-Taxis selon le plan
de Mosca.

——— **QUESTIONS** ———————————————

54. Quelle nouvelle étape avons-nous maintenant franchi dans la
cristallisation? Pourquoi Stendhal intervient-il dans le récit? — Étudiez
dans la fin du paragraphe les effets de l'absence sur les sentiments de
Gina?

375 Ernest IV, le prince régnant, et la princesse sa femme, auxquels
elle fut présentée par deux des plus grandes dames du pays, lui
firent un accueil fort distingué. La duchesse était curieuse de
voir ce prince maître du sort de l'homme qu'elle aimait, elle
voulut lui plaire et y réussit trop. Elle trouva un homme d'une
380 taille élevée, mais un peu épaisse; ses cheveux, ses moustaches,
ses énormes favoris étaient d'un beau blond selon ses courtisans; ailleurs ils eussent provoqué, par leur couleur effacée, le
mot ignoble de filasse. Au milieu d'un gros visage s'élevait fort
peu un tout petit nez presque féminin [107]. Mais la duchesse
385 remarqua que pour apercevoir tous ces motifs de laideur, il
fallait chercher à détailler les traits du prince. Au total, il avait
l'air d'un homme d'esprit et d'un caractère ferme. Le port du
prince, sa manière de se tenir n'étaient point sans majesté, mais
souvent il voulait imposer à son interlocuteur; alors il s'em-
390 barrassait lui-même et tombait dans un balancement d'une
jambe à l'autre presque continuel. Du reste, Ernest IV avait
un regard pénétrant et dominateur; les gestes de ses bras avaient
de la noblesse, et ses paroles étaient à la fois mesurées et
concises. (55)
395   Mosca avait prévenu la duchesse que le prince avait, dans le
grand cabinet où il recevait en audience, un portrait en pied de
Louis XIV, et une table fort belle de *scagliola* [108] de Florence.
Elle trouva que l'imitation était frappante; évidemment il
cherchait le regard et la parole noble de Louis XIV, et il
400 s'appuyait sur la table de *scagliola*, de façon à se donner la
tournure de Joseph II. Il s'assit aussitôt après les premières
paroles adressées par lui à la duchesse, afin de lui donner
l'occasion de faire usage du tabouret qui appartenait à son rang.

---

107. Si le portrait moral du souverain, ses méthodes de gouvernement rappellent
François IV, duc de Modène, ses traits physiques ainsi que son horreur des têtes
sans poudre et sa haine du jacobinisme évoquent plutôt Ferdinand II, roi des
Deux-Siciles; 108. *Scagliola* : table mosaïquée très précieuse.

——— **QUESTIONS** ———

55. La comtesse Pietranera, devenue duchesse Sanseverina, s'est-elle
transformée ? Par quelles touches successives Stendhal va-t-il montrer
qu'elle atteint à présent le plein épanouissement de son personnage ?
Notez que, malgré ses facultés d'adaptation, la duchesse doit faire
l'apprentissage de cette nouvelle vie. Quels sentiments la guident alors ?
— Pourquoi Stendhal nous dépeint-il le souverain à travers les observations de Gina ? Étudiez le raccourci de ce portrait à la manière de Saint-
Simon. Ne peut-on y déceler une sorte de goût du pastiche de la part de
Stendhal ?

A cette cour, les duchesses, les princesses et les femmes des
405 grands d'Espagne s'assoient seules; les autres femmes attendent que le prince ou la princesse les y engagent; et, pour
marquer la différence des rangs, ces personnes augustes ont
toujours soin de laisser passer un petit intervalle avant de
convier les dames non duchesses à s'asseoir. La duchesse
410 trouva qu'en de certains moments l'imitation de Louis XIV
était un peu trop marquée chez le prince; par exemple, dans sa
façon de sourire avec bonté tout en renversant la tête.

Ernest IV portait un frac [109] à la mode arrivant de Paris; on
lui envoyait tous les mois de cette ville, qu'il abhorrait, un
415 frac, une redingote et un chapeau. Mais, par un bizarre mélange
de costumes, le jour où la duchesse fut reçue il avait pris une
culotte rouge, des bas de soie et des souliers fort couverts, dont
on peut trouver les modèles dans les portraits de Joseph II.

Il reçut Mme Sanseverina avec grâce; il lui dit des choses
420 spirituelles et fines; mais elle remarqua fort bien qu'il n'y avait
pas excès dans la bonne réception. — Savez-vous pourquoi?
lui dit le comte Mosca au retour de l'audience, c'est que
Milan est une ville plus grande et plus belle que Parme. Il eût
craint, en vous faisant l'accueil auquel je m'attendais et qu'il
425 m'avait fait espérer, d'avoir l'air d'un provincial en extase
devant les grâces d'une belle dame arrivant de la capitale. Sans
doute aussi il est encore contrarié d'une particularité que je
n'ose vous dire : le prince ne voit à sa cour aucune femme qui
puisse vous le disputer en *beauté*. Tel a été hier soir, à son petit
430 coucher, l'unique sujet de son entretien avec Pernice, son premier valet de chambre, qui a des bontés pour moi. Je prévois
une petite révolution dans l'étiquette; mon plus grand ennemi
à cette cour est un sot qu'on appelle le général Fabio Conti.
Figurez-vous un original qui a été à la guerre un jour peut-être
435 en sa vie, et qui part de là pour imiter la tenue de Frédéric le
Grand. De plus, il tient aussi à reproduire l'affabilité noble du
général Lafayette [110], et cela parce qu'il est ici le chef du parti
libéral. (Dieu sait quels libéraux!)

— Je connais le Fabio Conti, dit la duchesse; j'en ai eu la
440 vision près de Côme; il se disputait avec la gendarmerie. Elle

---

109. *Frac.* De l'allemand *Frack*, ce mot désigne un habit d'homme en tissu
noir boutonné sur la poitrine et possédant deux basques derrière; **110.** Stendhal
fait souvent allusion au général Lafayette, dont il a souligné la politesse affable
dans ses écrits.

raconta la petite aventure dont le lecteur se souvient peut-être. **(56)**

    — Vous saurez un jour, madame, si votre esprit parvient
445 jamais à se pénétrer des profondeurs de notre étiquette, que
les demoiselles ne paraissent à la cour qu'après leur mariage.
Eh bien, le prince a pour la supériorité de sa ville de Parme sur
toutes les autres un patriotisme tellement brûlant, que je parie-
rais qu'il va trouver un moyen de se faire présenter la petite
Clélia Conti, fille de notre Lafayette. Elle est ma foi charmante,
450 et passait encore, il y a huit jours, pour la plus belle personne
des états du prince.

    Je ne sais, continua le comte, si les horreurs que les ennemis
du souverain ont publiées sur son compte sont arrivées jusqu'au
château de Grianta ; on en a fait un monstre, un ogre. Le fait est
455 qu'Ernest IV avait tout plein de bonnes petites vertus, et l'on
peut ajouter que, s'il eût été invulnérable comme Achille, il eût
continué à être le modèle des potentats. Mais dans un moment
d'ennui et de colère, et aussi un peu pour imiter Louis XIV
faisant couper la tête à je ne sais quel héros de la Fronde que
460 l'on découvrit vivant tranquillement et insolemment dans une
terre à côté de Versailles, cinquante ans après la Fronde [111],
Ernest IV a fait pendre un jour deux libéraux. Il paraît que ces
imprudents se réunissaient à jour fixe pour dire du mal du
prince et adresser au ciel des vœux ardents, afin que la peste pût
465 venir à Parme, et les délivrer du tyran. Le mot *tyran* a été
prouvé. Rassi appela cela conspirer ; il les fit condamner à
mort, et l'exécution de l'un d'eux, le comte L..., fut atroce.
Ceci se passait avant moi. Depuis ce moment fatal, ajouta le
comte en baissant la voix, le prince est sujet à des accès de peur
470 *indignes d'un homme*, mais qui sont la source unique de la
faveur dont je jouis. Sans la peur souveraine, j'aurais un genre

---

111. Cette anecdote trahit Stendhal lecteur de Saint-Simon. Il transpose ici une
aventure arrivée au châtelain de Courson, qui donna l'hospitalité à Lauzun et à
Guiche, illustres frondeurs.

————— QUESTIONS —————

56. Comment l'épisode s'infléchit-il vers la caricature ? Comment du
portrait satirique est-on passé au portrait en action ? — Montrez que
Stendhal dévoile ici son sens du théâtre et sa verve comique. Comment se
font sentir les différences entre les personnages : êtres vivants et complexes
tels que Mosca et la duchesse ou fantoches comme Ranuce-Ernest ?
Dans quelle catégorie se range Fabio Conti ? La réapparition de ce personnage dans le cours de l'intrigue est-elle ménagée avec naturel ?

de mérite trop brusque, trop âpre pour cette cour, où l'imbécile foisonne. Croiriez-vous que le prince regarde sous les lits
de son appartement avant de se coucher, et dépense un million,
475 ce qui à Parme est comme quatre millions à Milan, pour avoir
une bonne police, et vous voyez devant vous, madame la
duchesse, le chef de cette police terrible. Par la police, c'est-à-
dire par la peur, je suis devenu ministre de la guerre et des
finances ; et comme le ministre de l'intérieur est mon chef nomi-
480 nal, en tant qu'il a la police dans ses attributions, j'ai fait
donner ce portefeuille au comte Zurla-Contarini [112], un imbécile bourreau de travail, qui se donne le plaisir d'écrire quatre-
vingts lettres chaque jour. Je viens d'en recevoir une ce matin
sur laquelle le comte Zurla-Contarini a eu la satisfaction
485 d'écrire de sa propre main le numéro 20.715. **(57) (58)**

[Présentée ensuite à la « triste princesse de Parme, Clara-Paolina »,
la duchesse séduit celle-ci en lui parlant de botanique et s'attire en
même temps la bienveillance du « vénérable père Landriani », archevêque de Parme », qu'elle rencontre chez la princesse. Enfin admise
chez S.A.S. le prince héréditaire, elle provoque une telle admiration
chez ce jeune homme de seize ans qu'il s'exclame : « Mon Dieu,
madame, que vous êtes jolie !... ». La duchesse fait le tour complet de
la petite cour de Parme, dont Stendhal trace un portrait féroce. Les
figures de la marquise Balbi et de la célèbre marquise Raversi

---

112. Le *comte Zurla-Contarini* mènera chez la duchesse le comte Zorafi, gazette
du prince.

──────── **QUESTIONS** ────────

57. Appréciez le ton de Mosca lorsqu'il juge son souverain. Vous
semble-t-il, d'après les observations du ministre de la police de Parme,
que le gouvernement despotique repose bien, selon la réflexion de Montesquieu, sur la crainte qu'il inspire ?

58. SUR L'ENSEMBLE DU CHAPITRE VI. — L'étude d'une petite principauté italienne entre 1820 et 1830 : réalisme et justesse d'observation.
  — La verve caricaturale et l'art du portrait chez Stendhal d'après
cette peinture de la cour de Parme.
  — L'analyse psychologique : le « bonheur fou » du comte Mosca à la
Scala de Milan, sa conquête de Gina. — Importance du chapitre au
point de vue de l'action.
  — L'art de l'écrivain : la variété des tons et les différentes tonalités
dans le récit. La présence de Stendhal dans le récit : son ironie supérieure
dément son impitoyable sérieux, selon M. Bardèche : « La distance est
bien prise : tout est anachronique, la poudre, les perruques, l'étiquette,
les charges : on se croirait à Lilliput, on ne se fâche par contre Lilliput,
c'est simplement un autre univers. »

complètent cette galerie de tableaux. Cette dernière, « intrigante consommée », est du parti opposé à celui du comte Mosca, qui la juge « capable de tout ». C'est par elle que la jeune Clélia, qui vient d'être faite chanoinesse, vient à la cour. « Afin de parer le coup que cette faveur pouvait avoir l'air de porter au crédit du comte, la duchesse donna une fête sous prétexte d'inaugurer le jardin de son palais [...] » et « fit de Clélia, qu'elle appelait sa jeune amie du lac de Côme, la reine de la soirée ». « Tout souriait à la comtesse », qui jouit à la cour d'une extrême faveur et reste tendrement attachée au comte.

« Le comte Mosca était fou de bonheur, ce fut une belle époque de sa vie, et elle eut une influence décisive sur les destinées de Fabrice. » Pour plaire à la duchesse — qui garde toujours le silence sur son neveu bien-aimé — le tout-puissant Mosca échafaude des plans pour l'avenir de ce dernier. Malgré les répugnances vite vaincues de Gina, on décide que Fabrice deviendra évêque, puis archevêque de Parme, qui compte déjà deux del Dongo parmi ses prélats. « Fabrice rejeta d'abord bien loin le parti de l'Église », mais finit par accepter la proposition du comte Mosca malgré son regret de ne pouvoir embrasser la carrière militaire. « Fabrice débuta à Naples avec une voiture modeste, et quatre domestiques, bons Milanais, que sa tante lui avait envoyés. Après une année d'études, personne ne disait que c'était un homme d'esprit ; on le regardait comme un grand seigneur appliqué, fort généreux, mais un peu libertin. »

Pendant ce temps, la duchesse se plonge dans les intrigues toujours plus nombreuses de la cour de Parme, redoublant de séduction et de projets : ses « jeudis » sont si attirants qu'ils lui amènent le prince en personne et créent une véritable « révolution d'intérieur dont tout Parme retentit ». — Aussi peut-elle déclarer en toute sincérité à son ami : « Je serais plus libre sans doute à Rome ou à Naples, mais y trouverais-je un jeu aussi attachant ? Non, en vérité, mon cher comte, et vous faites mon bonheur. »]

PORTRAIT DE STENDHAL

Gravure d'Antoine-François Cosyns.
Paris, Bibliothèque nationale.

CHAPITRE VII

[Pendant quatre années, Fabrice suit « assez sagement la ligne de conduite qu'on lui avait indiquée ». Il remplace sa passion des chevaux par celle des fouilles archéologiques. Il n'oublie pas qu'il est de son devoir de s'afficher régulièrement avec une femme « jeune et jolie ». Il est cependant du plus « beau sang froid » dans ses agissements, à tel point qu'il n'est pas fâché « d'être délivré des attentions de la charmante duchesse d'A... ». Il peut enfin, vers 1821, partir voir « cette ville de Parme, à laquelle il songeait souvent ». Après avoir prié au tombeau de son ancêtre l'archevêque del Dongo, auteur de la *Généalogie latine*, il court chez la duchesse, sa tante, pour la surprendre par son retour inattendu.]

La duchesse ne revenait pas de son étonnement, elle ne l'eût pas reconnu à le voir passer dans la rue; elle le trouvait ce qu'il était en effet, l'un des plus jolis hommes de l'Italie; il avait surtout une physionomie charmante. Elle l'avait envoyé à
5 Naples avec la tournure d'un hardi casse-cou; la cravache qu'il portait toujours alors semblait faire partie inhérente de son être : maintenant il avait l'air le plus noble et le plus mesuré devant les étrangers, et dans le particulier, elle lui trouvait tout le feu de sa première jeunesse. C'était un diamant
10 qui n'avait rien perdu à être poli. Il n'y avait pas une heure que Fabrice était arrivé, lorsque le comte Mosca survint; il arriva un peu trop tôt. Le jeune homme lui parla en si bons termes de la croix de Parme accordée à son gouverneur, et il exprima sa vive reconnaissance pour d'autres bienfaits dont il n'osait
15 parler d'une façon aussi claire, avec une mesure si parfaite, que du premier coup d'œil le ministre le jugea favorablement. Ce neveu, dit-il tout bas à la duchesse, est fait pour orner toutes les dignités auxquelles vous voudrez l'élever par la suite. Tout allait à merveille jusque-là, mais quand le ministre, fort content
20 de Fabrice, et jusque-là attentif uniquement à ses faits et gestes, regarda la duchesse, il lui trouva des yeux singuliers. Ce jeune homme fait ici une étrange impression, se dit-il. Cette réflexion fut amère; le comte avait atteint la *cinquantaine* [113], c'est un mot bien cruel et dont peut-être un homme éperdu-

---

Note 113, v. p. 91.

25 ment amoureux peut seul sentir tout le retentissement. Il était
fort bon, fort digne d'être aimé, à ses sévérités près comme
ministre. Mais, à ses yeux, ce mot cruel la *cinquantaine* jetait
du noir sur toute sa vie et eût été capable de le faire cruel pour
son propre compte. Depuis cinq années qu'il avait décidé la
30 duchesse à venir à Parme, elle avait souvent excité sa jalousie,
surtout dans les premiers temps, mais jamais elle ne lui avait
donné de sujet de plainte réel. Il croyait même, et il avait raison,
que c'était dans le dessein de mieux s'assurer de son cœur que la
duchesse avait eu recours à ces apparences de distinction en
35 faveur de quelques jeunes beaux de la cour. Il était sûr, par
exemple, qu'elle avait refusé les hommages du prince, qui
même, à cette occasion, avait dit un mot instructif.

— Mais si j'acceptais les hommages de Votre Altesse, lui
disait la duchesse en riant, de quel front oser reparaître devant
40 le comte ?

— Je serais presque aussi décontenancé que vous. Le cher
comte ! mon ami ! Mais c'est un embarras bien facile à tourner
et auquel j'ai songé : le comte serait mis à la citadelle pour le
reste de ses jours.

45 Au moment de l'arrivée de Fabrice, la duchesse fut tellement transportée de bonheur, qu'elle ne songea pas du tout
aux idées que ses yeux pourraient donner au comte. L'effet
fut profond et les soupçons sans remède. **(59)**

Fabrice fut reçu par le prince deux heures après son arrivée ;
50 la duchesse, prévoyant le bon effet que cette audience im-
promptue devait produire dans le public, la sollicitait depuis
deux mois : cette faveur mettait Fabrice hors de pair dès le

---

113. Cette réflexion du comte Mosca est sans aucun doute celle de Stendhal lui-
même. C'est ainsi que celui-ci s'analyse au début de la *Vie de Henry Brulard* :
« Est-il bien possible ! Cinquante ! je vais avoir la cinquantaine [...]. Cette découverte
imprévue ne m'irrita point, je venais de songer à Annibal et aux Romains. De plus
grands que moi sont bien morts ! [...] Après tout, me dis-je, je n'ai pas mal occupé
ma vie ».

——— **QUESTIONS** ———————————

59. En quoi consiste la séduction de Fabrice à son retour de Naples ?
— Montrez que ce retour va produire une deuxième cristallisation des
sentiments de Gina. — Comment la passion de la duchesse est-elle révé-
lée ? Quel élément dramatique la présence de Mosca ajoute-t-elle à la
scène ? — Utilisant, pour composer le personnage de Mosca, des traits
autobiographiques, l'auteur rend-il celui-ci plus pathétique dans sa
méditation d'homme mûr ? Pourquoi ? Par quelle formule lapidaire
Stendhal résume-t-il la brûlure de la jalousie chez Mosca ?

premier instant; le prétexte avait été qu'il ne faisait que passer
à Parme pour aller voir sa mère en Piémont. Au moment où un
55 petit billet charmant de la duchesse vint dire au prince que
Fabrice attendait ses ordres, Son Altesse s'ennuyait. Je vais
voir, se dit-elle, un petit saint bien niais, une mine plate ou
sournoise. Le commandant de la place avait déjà rendu compte
de la première visite au tombeau de l'oncle archevêque. Le
60 prince vit entrer un grand jeune homme, que, sans ses bas violets, il eût pris pour quelque jeune officier.

Cette petite surprise chassa l'ennui : voilà un gaillard,
se dit-il, pour lequel on va me demander Dieu sait quelles
faveurs, toutes celles dont je puis disposer. Il arrive, il doit être
65 ému : je m'en vais faire de la politique jacobine; nous verrons
un peu comment il répondra.

Après les premiers mots gracieux de la part du prince :

— Eh bien! *Monsignore* [114], dit-il à Fabrice, les peuples de
Naples sont-ils heureux? Le roi est-il aimé?

70 — Altesse Sérénissime, répondit Fabrice sans hésiter un
instant, j'admirais, en passant dans la rue, l'excellente tenue
des soldats des divers régiments de S. M. le Roi; la bonne
compagnie est respectueuse envers ses maîtres comme elle doit
l'être; mais j'avouerai que de la vie je n'ai souffert que les gens
75 des basses classes me parlassent d'autre chose que du travail
pour lequel je les paie.

— Peste! dit le prince, quel *sacre* [115]! voici un oiseau bien
stylé, c'est l'esprit de la Sanseverina. Piqué au jeu, le prince
employa beaucoup d'adresse à faire parler Fabrice sur ce
80 sujet si scabreux. Le jeune homme, animé par le danger, eut le
bonheur de trouver des réponses admirables : c'est presque de
l'insolence que d'afficher de l'amour pour son roi, disait-il,
c'est de l'obéissance aveugle qu'on lui doit. A la vue de tant
de prudence le prince eut presque de l'humeur; il paraît que
85 voici un homme d'esprit qui nous arrive de Naples, et je n'aime

---

114. *Monsignore.* Stendhal a donné lui-même dans une note sur monsignor Guerra
dans *Chroniques italiennes*, « Les Cenci », l'explication de ce titre : « En Italie, les
jeunes gens protégés ou savants deviennent Monsignore et prélat, ce qui ne veut pas
dire évêque; on porte alors des bas violets. On ne fait pas de vœux pour être monsignore, on peut quitter les bas violets et se marier »; 115. *Sacre* : oiseau de proie que
Buffon classe parmi les rapaces d'une espèce différente des faucons. D'après Littré,
ce mot se dit par extension « d'un homme capable de toutes sortes de capacités et
même de crimes », mais il est probable que Stendhal se souvient davantage d'une
réplique trouvée dans les *Mémoires* de Saint-Simon, où celui-ci raconte la première
entrevue de Louis XIV et du père Letellier : « Monsieur », dit Fagon à Blouin,
valet de chambre du roi, en montrant le jésuite, « quel sacre! ».

pas *cette engeance;* un homme d'esprit a beau marcher dans les meilleurs principes et même de bonne foi, toujours par quelque côté il est cousin germain de Voltaire et de Rousseau. **(60)**

90 Le prince se trouvait comme bravé par les manières si convenables et les réponses tellement inattaquables du jeune échappé de collège; ce qu'il avait prévu n'arrivait point : en un clin d'œil il prit le ton de la bonhomie, et, remontant, en quelques mots, jusqu'aux grands principes des sociétés et du gouverne-
95 ment, il débita, en les adaptant à la circonstance, quelques phrases de Fénelon qu'on lui avait fait apprendre par cœur dès l'enfance pour les audiences publiques.

— Ces principes vous étonnent, jeune homme, dit-il à Fabrice (il l'avait appelé *monsignore* au commencement de
100 l'audience, et il comptait lui donner du *monsignore* en le congédiant, mais dans le courant de la conversation il trouvait plus adroit, plus favorable aux tournures pathétiques, de l'interpeller par un petit nom d'amitié); ces principes vous étonnent, jeune homme, j'avoue qu'ils ne ressemblent guère
105 aux *tartines d'absolutisme* (ce fut le mot) que l'on peut lire tous les jours dans mon journal officiel... Mais, grand Dieu ! qu'est-ce que je vais vous citer là ? ces écrivains du journal sont pour vous bien inconnus.

— Je demande pardon à Votre Altesse Sérénissime; non
110 seulement je lis le journal de Parme, qui me semble assez bien écrit, mais encore je tiens, avec lui, que tout ce qui a été fait depuis la mort de Louis XIV, en 1715, est à la fois un crime et une sottise. Le plus grand intérêt de l'homme, c'est son salut, il ne peut pas y avoir deux façons de voir à ce sujet, et ce bon-
115 heur-là doit durer une éternité. Les mots *liberté, justice, bonheur du plus grand nombre*, sont infâmes et criminels : ils donnent aux esprits l'habitude de la discussion et de la méfiance. Une chambre des députés *se défie* de ce que ces gens-là appellent *le ministère*. Cette fatale habitude de la *méfiance* une fois
120 contractée, la faiblesse humaine l'applique à tout, l'homme arrive à se méfier de la Bible, des ordres de l'Église, de la tradition, etc., etc.; dès lors il est perdu. Quand bien même,

───────── **QUESTIONS** ─────────

60. Quelle surprise Fabrice cause-t-il au souverain ? Que dénote la phrase *Le prince vit entrer un grand jeune homme, que, sans ses bas violets, il eût pris pour quelque jeune officier* (ligne 60). Pourquoi Stendhal réintroduit-il ici le thème sous-jacent de l'impossible héroïsme ?

ce qui est horriblement faux et criminel à dire, cette méfiance
envers l'autorité des princes *établis de Dieu* donnerait le bon-
125 heur pendant les vingt ou trente années de vie que chacun de
nous peut prétendre, qu'est-ce qu'un demi-siècle ou un siècle
tout entier, comparé à une éternité de supplices ? etc.

On voyait, à l'air dont Fabrice parlait, qu'il cherchait à
arranger ses idées de façon à les faire saisir le plus facilement
130 possible par son auditeur, il était clair qu'il ne récitait pas une
leçon.

Bientôt le prince ne se soucia plus de lutter avec ce jeune
homme dont les manières simples et graves le gênaient.

Adieu, *monsignore*, lui dit-il brusquement, je vois qu'on
135 donne une excellente éducation dans l'Académie ecclésiastique
de Naples, et il est tout simple que quand ces bons préceptes
tombent sur un esprit aussi distingué, on obtienne des résultats
brillants. Adieu ; et il lui tourna le dos.

Je n'ai point plu à cet animal-là, se dit Fabrice. **(61)**

[Fabrice a déplu au prince, qui le croit, à tort, l' « élève de sa
tante », à qui il prête également des idées révolutionnaires et dont il
se méfie, en dépit de sa séduction. La duchesse envoie alors son neveu
chez le père Landriani en lui donnant toutes ses instructions pour
faire la conquête de cet « esprit supérieur » qui n'a qu'un faible :
« Il veut être aimé. » Fabrice réussit parfaitement. De retour auprès
de sa tante, il reconnaît avoir mal jugé l'archevêque et admet devant
le comte Mosca ne rien connaître au « caractère des hommes ».
Le prince Ranuce-Ernest, « piqué de ce que la vertu de la duchesse,
bien connue à la cour, n'avait pas fait une exception en sa faveur »
et désireux de troubler la sympathie naissante qui lie le comte et
Fabrice, envoie un billet anonyme au comte Mosca.
Pour jouir plus à son aise de sa vengeance, Ranuce-Ernest convie
son conseiller au palais.]

140 Faut-il parler de l'humeur abominable qui agitait le premier
ministre, comte Mosca de la Rovère, à l'instant où il lui fut
permis de quitter son auguste maître ? Ranuce-Ernest IV était
parfaitement habile dans l'art de torturer un cœur, et je pourrais
faire ici sans trop d'injustice la comparaison du tigre qui aime
145 à jouer avec sa proie.

───────── **QUESTIONS** ─────────

61. Pourquoi Fabrice étonne-t-il le souverain de Parme ? Que dénotent
ses réponses au prince ? Vous paraît-il animé de duplicité réelle ou doué
d'un sens profond d'autrui qui lui suggère à l'instant la conduite à tenir ?

Le comte se fit reconduire chez lui au galop; il cria en passant
qu'on ne laissât monter âme qui vive, fit dire à l'*auditeur* de
service qu'il lui rendait la liberté (savoir un être humain à
portée de sa voix lui était odieux), et courut s'enfermer dans la
150 grande galerie de tableaux. Là enfin il put se livrer à toute sa
fureur; là il passa la soirée sans lumières à se promener au
hasard, comme un homme hors de lui. Il cherchait à imposer
silence à son cœur, pour concentrer toute la force de son
attention dans la discussion du parti à prendre. Plongé dans
155 des angoisses qui eussent fait pitié à son plus cruel ennemi, il se
disait : L'homme que j'abhorre loge chez la duchesse, passe
tous ses moments avec elle. Dois-je tenter de faire parler une
de ses femmes? Rien de plus dangereux; elle est si bonne; elle
les paie bien! elle en est adorée! (Et de qui, grand Dieu, n'est-
160 elle pas adorée!) Voici la question, reprenait-il avec rage :

Faut-il laisser deviner la jalousie qui me dévore, ou ne pas
en parler?

Si je me tais, on ne se cachera point de moi. Je connais Gina,
c'est une femme toute de premier mouvement; sa conduite est
165 imprévue même pour elle; si elle veut se tracer un rôle d'avance,
elle s'embrouille; toujours, au moment de l'action, il lui vient
une nouvelle idée qu'elle suit avec transport comme étant ce
qu'il y a de mieux au monde, et qui gâte tout.

Ne disant mot de mon martyre, on ne se cache point de moi
170 et je vois tout ce qui peut se passer... **(62)**

Oui, mais en parlant, je fais naître d'autres circonstances;
je fais faire des réflexions; je préviens beaucoup de ces choses
horribles qui peuvent arriver... Peut-être on l'éloigne (le comte
respira), alors j'ai presque partie gagnée; quand même on
175 aurait un peu d'humeur dans le moment, je la calmerai... et
cette humeur quoi de plus naturel?... elle l'aime comme un fils
depuis quinze ans. Là gît tout mon espoir : *comme un fils...*
mais elle a cessé de le voir depuis sa fuite pour Waterloo; mais
en revenant de Naples, surtout pour elle, c'est un autre
180 homme. *Un autre homme*, répéta-t-il avec rage, et cet homme
est charmant; il a surtout cet air naïf et tendre et cet œil

─────────── **QUESTIONS** ───────────

62. *L'humeur abominable* du comte Mosca est-elle justifiée? Relevez
tous les détails qui expriment la douleur de ce dernier. Étudiez l'analyse
extraordinairement lucide de la jalousie dans le long monologue intérieur
qui va suivre. Comment ce passage en style direct rend-il tout le désarroi
du personnage? Montrez qu'au milieu des plus grandes angoisses son sens
profond de la diplomatie n'a pas abandonné le comte Mosca.

souriant qui promettent tant de bonheur! et ces yeux-là la duchesse ne doit pas être accoutumée à les trouver à notre cour!...
Ils y sont remplacés par le regard morne ou sardonique. Moi-
185 même, poursuivi par les affaires, ne régnant que par mon influence sur un homme qui voudrait me tourner en ridicule, quels
regards dois-je avoir souvent? Ah! quelques soins que je
prenne, c'est surtout mon regard qui doit être vieux en moi!
Ma gaieté n'est-elle pas toujours voisine de l'ironie?... Je dirai
190 plus, ici il faut être sincère, ma gaieté ne laisse-t-elle pas entrevoir, comme chose toute proche, le pouvoir absolu... et la
méchanceté? Est-ce que quelquefois je ne me dis pas à moi-
même, surtout quand on m'irrite : Je puis ce que je veux? et
même j'ajoute une sottise : je dois être plus heureux qu'un autre,
195 puisque je possède ce que les autres n'ont pas : le pouvoir
souverain dans les trois quarts des choses. Eh bien! soyons
juste; l'habitude de cette pensée doit gâter mon sourire... doit
me donner un air d'égoïsme... content... Et, comme son sourire
à lui est charmant! il respire le bonheur facile de la première
200 jeunesse, et il le fait naître. **(63)**

Par malheur pour le comte, ce soir-là le temps était chaud,
étouffé [116], annonçant la tempête; de ces temps, en un mot, qui,
dans ces pays-là, portent aux résolutions extrêmes. Comment
rapporter tous les raisonnements toutes les façons de voir ce qui
205 lui arrivait, qui, durant trois mortelles heures, mirent à la
torture cet homme passionné? Enfin le parti de la prudence
l'emporta, uniquement par suite de cette réflexion : Je suis fou,
probablement; en croyant raisonner, je ne raisonne pas; je me
retourne seulement pour chercher une position moins cruelle,
210 je passe sans la voir à côté de quelque raison décisive. Puisque
je suis aveuglé par l'excessive douleur, suivons cette règle,
approuvée de tous les gens sages, qu'on appelle *prudence*.

D'ailleurs, une fois que j'ai prononcé le mot fatal *jalousie* [117],
mon rôle est tracé à tout jamais. Au contraire, ne disant rien

---

116. Cette influence du temps sur les tempéraments, aujourd'hui banale, est
originale à l'époque de Stendhal, qui déjà la signalait dans les *Promenades dans
Rome*; 117. Voir dans *De l'amour* les chapitres XXXV et XXXVI, que Stendhal a
consacrés à la passion jalouse.

——— **QUESTIONS** ———————————————

63. L'analyse que fait le comte des sentiments de Gina est-elle clair-
voyante? Peut-on dire qu'il hait Fabrice, même dans les circonstances
actuelles? Mais que déteste-t-il en lui? L'image de la jeunesse que lui
donne Fabrice est-elle pour lui une menace ou un regret?

215 aujourd'hui, je puis parler demain, je reste maître de tout. La
crise était trop forte, le comte serait devenu fou, si elle eût duré.
Il fut soulagé pour quelques instants, son attention vint à
s'arrêter sur la lettre anonyme. De quelle part pouvait-elle
venir ? Il y eut là une recherche de noms, et un jugement à pro-
220 pos de chacun d'eux, qui fit diversion. A la fin, le comte se
rappela un éclair de malice qui avait jailli de l'œil du souverain,
quand il en était venu à dire, vers la fin de l'audience : Oui, cher
ami, convenons-en, les plaisirs et les soins de l'ambition la plus
heureuse, même du pouvoir sans bornes, ne sont rien auprès du
225 bonheur intime que donnent les relations de tendresse et
d'amour. Je suis homme avant d'être prince, et, quand j'ai le
bonheur d'aimer, ma maîtresse s'adresse à l'homme et non au
prince. Le comte rapprocha ce moment de bonheur malin de
cette phrase de la lettre : *C'est grâce à votre profonde sagacité*
230 *que nous voyons cet État si bien gouverné.* Cette phrase est du
prince, s'écria-t-il, chez un courtisan elle serait d'une impru-
dence gratuite; la lettre vient de Son Altesse.

Ce problème résolu, la petite joie causée par le plaisir de
deviner fut bientôt effacée par la cruelle apparition des grâces
235 charmantes de Fabrice, qui revint de nouveau. Ce fut comme
un poids énorme qui retomba sur le cœur du malheureux.
Qu'importe de qui soit la lettre anonyme! s'écria-t-il avec
fureur, le fait qu'elle me dénonce en existe-t-il moins? Ce
caprice peut changer ma vie, dit-il, comme pour s'excuser
240 d'être tellement fou. Au premier moment, si elle l'aime d'une
certaine façon, elle part avec lui pour Belgirate, pour la Suisse,
pour quelque coin du monde. Elle est riche, et d'ailleurs, dût-
elle vivre avec quelques louis chaque année, que lui importe?
Ne m'avouait-elle pas, il n'y a pas huit jours, que son palais, si
245 bien arrangé, si magnifique, l'ennuie? Il faut du nouveau à cette
âme si jeune! Et avec quelle simplicité se présente cette félicité
nouvelle! elle sera entraînée avant d'avoir songé au danger,
avant d'avoir songé à me plaindre! Et je suis pourtant si
malheureux! s'écria le comte fondant en larmes. **(64)**
250 Il s'était juré de ne pas aller chez la duchesse ce soir-là,

---

━━━ QUESTIONS ━━━

64. Est-il bien dans la ligne du caractère du ministre de voir triompher
le *parti de la prudence?* Pourquoi Mosca ne s'est-il pas soucié plus tôt de
l'auteur possible de la lettre anonyme? Sent-on, durant cette scène,
percer les sentiments de Stendhal vis-à-vis de son personnage? Quelle
impression nous cause cette reprise du monologue intérieur en style direct?
Quel sentiment Mosca fait-il naître chez les lecteurs?

mais il n'y put tenir ; jamais ses yeux n'avaient eu une telle soif
de la regarder. Sur le minuit il se présenta chez elle ; il la trouva
seule avec son neveu ; à dix heures elle avait renvoyé tout le
monde et fait fermer sa porte.

255   A l'aspect de l'intimité tendre qui régnait entre ces deux êtres,
et de la joie naïve de la duchesse, une affreuse difficulté s'éleva
devant les yeux du comte, et à l'improviste ! il n'y avait pas
songé durant la longue délibération dans la galerie de tableaux :
comment cacher sa jalousie ?

260   Ne sachant à quel prétexte avoir recours, il prétendit que ce
soir-là, il avait trouvé le prince excessivement prévenu contre
lui, contredisant toutes ses assertions, etc., etc. Il eut la douleur
de voir la duchesse l'écouter à peine, et ne faire aucune attention à ces circonstances qui, l'avant-veille encore, l'auraient
265 jetée dans des raisonnements infinis. Le comte regarda Fabrice :
jamais cette belle figure lombarde ne lui avait paru si simple et
si noble ! Fabrice faisait plus d'attention que la duchesse aux
embarras qu'il racontait.

    Réellement, se dit-il, cette tête joint l'extrême bonté à
270 l'expression d'une certaine joie naïve et tendre qui est irré-
sistible. Elle semble dire : il n'y a que l'amour et le bonheur
qu'il donne qui soient choses sérieuses en ce monde. Et pourtant arrive-t-on à quelque détail où l'esprit soit nécessaire, son
regard se réveille et vous étonne, et l'on reste confondu.

275   Tout est simple à ses yeux parce que tout est vu de haut.
Grand Dieu ! comment combattre un tel ennemi ? Et après tout,
qu'est-ce que la vie sans l'amour de Gina ? Avec quel ravissement elle semble écouter les charmantes saillies de cet esprit si
jeune, et qui, pour une femme, doit sembler unique au
280 monde ! **(65)**

    Une idée atroce saisit le comte comme une crampe : le poi-
gnarder là devant elle, et me tuer après ?

    Il fit un tour dans la chambre se soutenant à peine sur ses
jambes, mais la main serrée convulsivement autour du manche
285 de son poignard. Aucun des deux ne faisait attention à ce qu'il

───────── QUESTIONS ─────────

65. Relevez les expressions qui dépeignent la progression de la jalousie
passionnée. Par quel moyen l'auteur a-t-il indiqué la solitude et l'isolement de Mosca vis-à-vis de Fabrice et de sa tante ? Étudiez le délire de
l'imagination du comte excitée par la fureur jalouse ? — Pourquoi l'auteur
s'est-il plu à souligner par deux fois en quelques lignes la *joie naïve de
la duchesse*, et, plus loin, l'*expression d'une certaine joie naïve et tendre*
chez Fabrice ?

UNE ITALIENNE

Dessin par Ingres.
Montauban, musée Ingres.

pouvait faire. Il dit qu'il allait donner un ordre à son laquais, on ne l'entendit même pas; la duchesse riait tendrement d'un mot que Fabrice venait de lui adresser. Le comte s'approcha d'une lampe dans le premier salon, et regarda si la pointe de
290 son poignard était bien affilée. Il faut être gracieux et de manières parfaites envers ce jeune homme, se disait-il en revenant et se rapprochant d'eux.

Il devenait fou; il lui sembla qu'en se penchant ils se donnaient des baisers, là, sous ses yeux. Cela est impossible en ma
295 présence, se dit-il; ma raison s'égare. Il faut se calmer; si j'ai des manières rudes, la duchesse est capable, par simple pique de vanité, de le suivre à Belgirate; et là, ou pendant le voyage, le hasard peut amener un mot qui donnera un nom à ce qu'ils sentent l'un pour l'autre; et après, en un instant, toutes les
300 conséquences.

La solitude rendra ce mot décisif, et d'ailleurs, une fois la duchesse loin de moi, que devenir? et si, après beaucoup de difficultés surmontées du côté du prince, je vais montrer ma figure vieille et soucieuse à Belgirate, quel rôle jouerai-je au
305 milieu de ces gens fous de bonheur?

Ici même que suis-je autre chose que le *terzo incomodo* [118] (cette belle langue italienne est toute faite pour l'amour)! *Terzo incomodo* (un tiers présent qui incommode)! Quelle douleur pour un homme d'esprit de sentir qu'on joue ce rôle
310 exécrable, et de ne pouvoir prendre sur soi de se lever et de s'en aller!

Le comte allait éclater ou du moins trahir sa douleur par la décomposition de ses traits. Comme en faisant des tours dans le salon, il se trouvait près de la porte, il prit la fuite en
315 criant d'un air bon et intime : Adieu, vous autres! il faut éviter le sang, se dit-il. **(66) (67)**

---

118. Le rôle du *terzo incomodo* a été joué par Stendhal dans son enfance, lors des longues promenades que faisait son père en compagnie de sa tante Séraphie (voir la *Vie de Henry Brulard*).

——— **QUESTIONS** ———

66. Relevez l'expression physique d'une douleur morale. Vous paraît-elle particulièrement indiquée ici? Comment le comte passe-t-il des émotions violentes à leur expression dramatique? — Notez les éléments qui donnent à ce passage la tonalité d'une scène de théâtre : mise en scène, situations, gestes, répliques.

Questions 67, v. p. 101.

[Les tortures de la jalousie empoisonnent désormais les pensées du comte. Saisi de ce changement d'humeur dont il ne peut soupçonner la raison, Fabrice, à son tour, « perdit toute sa gaieté ». Il prend conscience du danger que font courir à l'innocence de leurs relations les sentiments passionnés de Gina et sa fréquentation quotidienne en toute liberté. Il redoute plus que tout au monde de se brouiller avec sa tante et, cependant, il reconnaît en lui-même qu'il n'aura « toujours à lui offrir que l'amitié la plus vive, mais sans amour ».]

─────────── QUESTIONS ───────────

67. Sur l'ensemble du chapitre VII. — Importance dramatique et psychologique du retour de Fabrice, qui oblige Gina et Mosca à prendre conscience de leurs véritables sentiments.

— Analyse exemplaire de la jalousie, qui porte toutes les marques de la passion chez Mosca. — La confrontation du jeune homme et de l'homme vieillissant, qui sont l'un et l'autre l'expression des rêves de l'auteur.

— Auquel des deux Stendhal s'identifie-t-il tout au long de ce chapitre ?

— Étude de la violence contenue dans la jalousie.

— Au cours de cette longue scène muette, Stendhal a-t-il toujours sauvé son personnage du ridicule de la situation de « terzo incomodo » ? Comparez ce passage avec l'expression de la jalousie chez M. de Rênal dans *le Rouge et le Noir* (voir Documentation thématique).

CHAPITRE VIII

[« Ainsi moins d'un mois seulement après son arrivée à la cour, Fabrice avait tous les chagrins d'un courtisan, et l'amitié intime qui faisait le bonheur de sa vie était empoisonnée. » Un soir après avoir quitté le salon de la duchesse, où il ne veut pas faire figure d'« amant régnant », il entre par hasard au théâtre, où une coïncidence de nom attire son attention sur la jeune actrice Marietta Valserra. Il se procure à grand-peine l'adresse de la jeune fille et encourt la colère et les menaces de son protecteur en titre, Giletti. Cependant, le comte Mosca, ravi de l'équipée de Fabrice, lui fait une « mine charmante », et lorsque, l'amour-propre aidant, Fabrice se pique au jeu et court des dangers réels, Mosca revient en hâte de Bologne pour lui éviter le pire. Cependant, Chékina, la femme de chambre de la duchesse, tombe malade de remords et avoue à sa maîtresse avoir répondu aux questions que lui avait posées le comte Mosca sur les relations qu'elle entretenait avec son neveu, dévoilant ainsi la jalousie de son ami. La duchesse tombe dans une « noire mélancolie ». Mosca lui a raconté les raisons de son retour. « Elle était dépitée du rôle ridicule, à ses yeux, que Fabrice jouait auprès de la petite Marietta » et « elle ne pouvait s'accoutumer à ce malheur : son idole avait un défaut ; enfin dans un moment de bonne amitié elle demanda conseil au comte ». Il est décidé que Fabrice se rendra à Belgirate pour voir sa mère, tandis que la troupe comique ira porter ailleurs ses talents.]

Fabrice trouva sa mère et une de ses sœurs à Belgirate, gros village piémontais, sur la rive droite du lac Majeur ; la rive gauche appartient au Milanais, et par conséquent à l'Autriche. Ce lac, parallèle au lac de Côme, et qui court aussi
5 du nord au midi, est situé à une vingtaine de lieues plus au couchant. L'air des montagnes, l'aspect majestueux et tranquille de ce lac superbe qui lui rappelait celui près duquel il avait passé son enfance, tout contribua à changer en douce mélancolie le chagrin de Fabrice, voisin de la colère. C'était
10 avec une tendresse infinie que le souvenir de la duchesse se présentait maintenant à lui ; il lui semblait que de loin il prenait pour elle cet amour qu'il n'avait jamais éprouvé pour aucune femme ; rien ne lui eût été plus pénible que d'en être à jamais séparé, et dans ces dispositions, si la duchesse eût daigné avoir
15 recours à la moindre coquetterie, elle eût conquis ce cœur, par exemple, en lui opposant un rival. Mais bien loin de prendre un parti aussi décisif, ce n'était pas sans se faire de vifs reproches

qu'elle trouvait sa pensée toujours attachée aux pas du jeune
voyageur. Elle se reprochait ce qu'elle appelait encore une
20 fantaisie, comme si c'eût été une horreur ; elle redoubla d'attentions et de prévenances pour le comte qui, séduit par tant de
grâces, n'écoutait pas la saine raison qui prescrivait un second
voyage à Bologne. (**68**)

La marquise del Dongo, pressée par les noces de sa fille aînée
25 qu'elle mariait à un duc Milanais, ne put donner que trois jours
à son fils bien-aimé ; jamais elle n'avait trouvé en lui une si
tendre amitié. Au milieu de la mélancolie qui s'emparait de
plus en plus de l'âme de Fabrice, une idée bizarre et même
ridicule s'était présentée et tout à coup s'était fait suivre.
30 Oserons-nous dire qu'il voulait consulter l'abbé Blanès ?
Cet excellent vieillard était parfaitement incapable de comprendre les chagrins d'un cœur tiraillé par des passions puériles
et presque égales en force ; d'ailleurs il eût fallu huit jours pour
lui faire entrevoir seulement tous les intérêts que Fabrice devait
35 ménager à Parme ; mais en songeant à le consulter, Fabrice
retrouvait la fraîcheur de ses sensations de seize ans. Le croira-
t-on ? ce n'était pas simplement comme homme sage, comme
ami parfaitement dévoué, que Fabrice voulait lui parler ;
l'objet de cette course et les sentiments qui agitèrent notre
40 héros pendant les cinquante heures qu'elle dura, sont tellement
absurdes que sans doute, dans l'intérêt du récit, il eût mieux
valu les supprimer. Je crains que la crédulité de Fabrice ne le
prive de la sympathie du lecteur ; mais enfin, il était ainsi,
pourquoi le flatter lui plutôt qu'un autre ? Je n'ai point flatté
45 le comte Mosca ni le prince.

Fabrice donc, puisqu'il faut tout dire, Fabrice reconduisit
sa mère jusqu'au port de Laveno [119], rive gauche du lac Majeur,
rive autrichienne, où elle descendit vers les huit heures du soir.
(Le lac est considéré comme un pays neutre, et l'on ne demande
50 point de passeport à qui ne descend point à terre.) Mais à

---

119. *Laveno* : port important de la rive orientale du lac Majeur, sur la rive opposée
à Belgirate.

————— ▬ **QUESTIONS** ▬ —————

68. Étudiez le retour du thème du lac : son rôle dans le paysage romanesque ? La précision presque géographique du site ? — Notez la présence
des épithètes morales à nuance affective qui caractérisent cette nature
chère à Stendhal et à Fabrice. — Appréciez l'évolution des sentiments
de Gina et de Fabrice pendant cette séparation. Comment comprenez-
vous qu'un critique ait pu parler ici de « synchronisme inversé » ?

peine la nuit fut-elle venue qu'il se fit débarquer sur cette même
rive autrichienne, au milieu d'un petit bois qui avance dans les
flots. Il avait loué une *sediola* [120], sorte de tilbury champêtre et
rapide, à l'aide duquel il put suivre, à cinq cents pas de distance,
55 la voiture de sa mère ; il était déguisé en domestique de la
casa del Dongo, et aucun des nombreux employés de la police
ou de la douane n'eut l'idée de lui demander son passeport.
A un quart de lieue de Côme, où la marquise et sa fille devaient
s'arrêter pour passer la nuit, il prit un sentier à gauche, qui,
60 contournant le bourg de Vico, se réunit ensuite à un petit
chemin récemment établi sur l'extrême bord du lac. **(69)** Il
était minuit, et Fabrice pouvait espérer de ne rencontrer aucun
gendarme. Les arbres des bouquets de bois que le petit chemin
traversait à chaque instant dessinaient le noir contour de leur
65 feuillage sur un ciel étoilé, mais voilé par une brume légère.
Les eaux et le ciel étaient d'une tranquillité profonde ; l'âme
de Fabrice ne put résister à cette beauté sublime ; il s'arrêta,
puis s'assit sur un rocher qui s'avançait dans le lac, formant
comme un petit promontoire. Le silence universel n'était
70 troublé, à intervalles égaux, que par la petite lame du lac qui
venait expirer sur la grève. Fabrice avait un cœur italien ;
j'en demande pardon pour lui : ce défaut, qui le rendra moins
aimable, consistait surtout en ceci : il n'avait de vanité que
par accès, et l'aspect seul de la beauté sublime le portait à
75 l'attendrissement, et ôtait à ses chagrins leur pointe âpre et
dure. Assis sur son rocher isolé, n'ayant plus à se tenir en garde
contre les agents de la police, protégé par la nuit profonde et
le vaste silence, de douces larmes mouillèrent ses yeux, et il
trouva là, à peu de frais, les moments les plus heureux qu'il eût
80 goûtés depuis longtemps. **(70)**

---

120. *Sediola* : « Chaise posée sur l'essieu qui réunit deux roues très hautes »,
(définition donnée par Stendhal dans *Rome, Naples et Florence*).

——— **QUESTIONS** ———

69. N'y a-t-il pas une sorte de transfert de la « *tendresse infinie* » que
Fabrice sent éprouver ici pour sa tante à la *tendre amitié* qu'il témoigne
à sa mère. Comment l'expliquez-vous ? — Pourquoi Fabrice veut-il
consulter l'abbé Blanès ? — Appréciez l'intervention directe de l'auteur
dans le cours du récit et son jugement à l'égard de ses propres créatures
romanesques. — Par quelles précisions nous retrouvons-nous plongés dans
le cours de l'action ? La nécessité du déguisement est-elle familière à
Fabrice ?

Questions 70, v. p. 105

Il résolut de ne jamais dire de mensonges à la duchesse, et c'est parce qu'il l'aimait à l'adoration en ce moment, qu'il se jura de ne jamais lui dire qu'*il l'aimait;* jamais il ne prononcerait auprès d'elle le mot d'amour, puisque la passion que
85 l'on appelle ainsi était étrangère à son cœur. Dans l'enthousiasme de générosité et de vertu qui faisait sa félicité en ce moment, il prit la résolution de lui tout dire à la première occasion : son cœur n'avait jamais connu l'amour. Une fois ce parti courageux bien adopté, il se sentit comme délivré d'un
90 poids énorme. Elle me dira peut-être quelques mots sur Marietta : eh bien! je ne reverrai jamais la petite Marietta, se répondit-il à lui-même avec gaieté. (71)

La chaleur accablante qui avait régné pendant la journée commençait à être tempérée par la brise du matin. Déjà
95 l'aube dessinait par une faible lueur blanche les pics des Alpes qui s'élèvent au nord et à l'orient du lac de Côme. Leurs masses, blanchies par les neiges, même au mois de juin, se dessinent sur l'azur clair d'un ciel toujours pur à ces hauteurs immenses. Une branche des Alpes s'avançant au midi vers
100 l'heureuse Italie sépare les versants du lac de Côme de ceux du lac de Garde. Fabrice suivait de l'œil toutes les branches de ces montagnes sublimes, l'aube en s'éclaircissant venait marquer les vallées qui les séparent en éclairant la brume légère qui s'élevait du fond des gorges.

105 Depuis quelques instants Fabrice s'était remis en marche; il passa la colline qui forme la presqu'île de Durini, et enfin parut à ses yeux ce clocher du village de Grianta, où si souvent il avait fait des observations d'étoiles avec l'abbé Blanès. Quelle n'était pas mon ignorance en ce temps-là! Je ne pouvais

──────── **QUESTIONS** ────────

70. Quel contraste s'établit entre les pensées agitées de notre héros et la paix du lieu? Pourquoi Stendhal prend-il ici le temps de noter avec précision quelques éléments du décor? Ce choix du *petit promontoire* où va s'arrêter Fabrice est-il dû au hasard? Rapprochez ce passage de la méditation et de l'isolement de Julien Sorel sur les hauteurs qui dominent Verrières (voir Documentation thématique). — Faut-il imputer seulement au *cœur italien* de Fabrice la différence de tonalité entre la rêverie de Julien et celle du héros de *la Chartreuse?* Comment s'explique l'abandon voluptueux de la méditation de ce dernier au bord du lac? Que représente pour le héros stendhalien ce moment privilégié de la « chasse au bonheur »? Montrez que Stendhal ici, comme Lamartine, se montre héritier du XVIIIe s. tant pour le thème que pour l'expression.

71. L'auto-analyse des sentiments de Fabrice est-elle véridique? Que révèle-t-elle de son caractère?

110 comprendre, se disait-il, même le latin ridicule de ces traités
d'astrologie que feuilletait mon maître, et je crois que je les
respectais surtout parce que, n'y entendant que quelques mots
par-ci par-là, mon imagination se chargeait de leur prêter un
sens, et le plus romanesque possible. **(72)**

115   Peu à peu sa rêverie prit un autre cours. Y aurait-il quelque
chose de réel dans cette science ? Pourquoi serait-elle différente
des autres ? Un certain nombre d'imbéciles et de gens adroits
conviennent entre eux qu'ils savent le *mexicain*, par exemple ;
ils s'imposent en cette qualité à la société qui les respecte et

120 aux gouvernements qui les paient. On les accable de faveurs
précisément parce qu'ils n'ont point d'esprit, et que le pouvoir
n'a pas à craindre qu'ils soulèvent les peuples et fassent du
pathos à l'aide des sentiments généreux ! Par exemple le père
Bari, auquel Ernest IV vient d'accorder quatre mille francs de

125 pension et la croix de son ordre pour avoir restitué dix-neuf
vers d'un dithyrambe grec [121] !

Mais, grand Dieu ! ai-je bien le droit de trouver ces choses-là
ridicules ? Est-ce bien à moi de me plaindre ? se dit-il tout à
coup en s'arrêtant, est-ce que cette même croix ne vient pas

130 d'être donnée à mon gouverneur de Naples ? Fabrice éprouva
un sentiment de malaise profond ; le bel enthousiasme de vertu
qui naguère venait de faire battre son cœur se changeait dans
le vil plaisir d'avoir une bonne part dans un vol. Eh bien !
se dit-il enfin avec les yeux éteints d'un homme mécontent de

135 soi, puisque ma naissance me donne le droit de profiter de ces
abus, il serait d'une insigne duperie à moi de n'en pas prendre
ma part ; mais il ne faut point m'aviser de les maudire en public.
Ces raisonnements ne manquaient pas de justesse ; mais

---

121. *Dithyrambe* : « Chez les Anciens, poème lyrique en l'honneur de Bacchus
et du vin ; aujourd'hui, poème qui se rapproche de l'ode par le mouvement et
l'enthousiasme, et qui en diffère par l'irrégularité des stances » (Littré).

──────── **QUESTIONS** ────────

72. Étudiez l'évolution parallèle des sensations physiques et des
impressions morales. — Relevez la valeur symbolique de cette évocation
de l'aube. — Quelles sont les vertus de ce paysage de montagne ? Appréciez Stendhal héritier de Rousseau. — Peut-on relever dans cette évocation
les forces d'exaltation de ce paysage qui va s'annoncer comme un leitmotiv du roman ? Quel est le lien entre le paysage « céleste » des montagnes des Alpes et l'évocation du clocher de Grianta ? — Vérifiez la
justesse d'analyse de Fabrice. A-t-il perdu le sens du romanesque et le
don de l'imagination ?

Fabrice était bien tombé de cette élévation de bonheur sublime
140 où il s'était trouvé transporté une heure auparavant. La pensée
du privilège avait desséché cette plante toujours si délicate
qu'on nomme le bonheur. **(73)**

S'il ne faut pas croire à l'astrologie, reprit-il en cherchant à
s'étourdir, si cette science est, comme les trois quarts des
145 sciences non mathématiques, une réunion de nigauds enthou-
siastes et d'hypocrites adroits et payés par qui ils servent, d'où
vient que je pense si souvent et avec émotion à cette circonstance fatale? Jadis je suis sorti de la prison de B***, mais avec
l'habit et la feuille de route d'un soldat jeté en prison pour de
150 justes causes.

Le raisonnement de Fabrice ne put jamais pénétrer plus
loin; il tournait de cent façons autour de la difficulté sans parvenir à la surmonter. Il était trop jeune encore; dans ses
moments de loisir, son âme s'occupait avec ravissement à
155 goûter les sensations produites par des circonstances romanesques que son imagination était toujours prête à lui fournir.
Il était bien loin d'employer son temps à regarder avec patience
les particularités réelles de choses, pour ensuite deviner leurs
causes. Le réel lui semblait encore plat et fangeux; je conçois
160 qu'on n'aime pas à le regarder, mais alors il ne faut pas en raisonner. Il ne faut pas surtout faire des objections avec les
diverses pièces de son ignorance.

C'est ainsi que, sans manquer d'esprit, Fabrice ne put parvenir à voir que sa demi-croyance dans les présages était pour
165 lui une religion, une impression profonde reçue à son entrée
dans la vie. Penser à cette croyance c'était sentir, c'était un
bonheur. Et il s'obstinait à chercher comment ce pouvait être
une science *prouvée*, réelle, dans le genre de la géométrie par
exemple. Il recherchait avec ardeur, dans sa mémoire, toutes les
170 circonstances où des présages observés par lui n'avaient pas été
suivis de l'événement heureux ou malheureux qu'ils semblaient
annoncer. Mais tout en croyant suivre un raisonnement et
marcher à la vérité, son attention s'arrêtait avec bonheur sur le
souvenir des cas où le présage avait été largement suivi par
175 l'accident heureux ou malheureux qu'il lui semblait prédire,
et son âme était frappée de respect et attendrie; et il eût éprouvé

─── **QUESTIONS** ───

73. Les détours de la rêverie de Fabrice sont-ils présentés avec naturel?
Par quel procédé? Quelles sont, pour Fabrice, les causes de cette retombée du sublime?

une répugnance invincible pour l'être qui eût nié les présages, et surtout s'il eût employé l'ironie. **(74)**

Fabrice marchait sans s'apercevoir des distances, et il en
180 était là de ses raisonnements impuissants, lorsqu'en levant la tête il vit le mur du jardin de son père. Ce mur, qui soutenait une belle terrasse, s'élevait à plus de quarante pieds au-dessus du chemin, à droite. Un cordon de pierres de taille tout en haut, près de la balustrade, lui donnait un air monumental. Il n'est
185 pas mal, se dit froidement Fabrice, cela est d'une bonne archi-tecture, presque dans le goût romain ; il appliquait ses nouvelles connaissances en antiquités [122]. Puis il détourna la tête avec dégoût ; les sévérités de son père, et surtout la dénonciation de son frère Ascagne [123] au retour de son voyage en France, lui
190 revinrent à l'esprit.

Cette dénonciation dénaturée a été l'origine de ma vie actuelle ; je puis la haïr, je puis la mépriser, mais enfin elle a changé ma destinée. Que devenais-je une fois relégué à Novare et n'étant presque que souffert chez l'homme d'affaires de
195 mon père, si ma tante n'avait fait l'amour avec un ministre puissant ? si cette tante se fût trouvée n'avoir qu'une âme sèche et commune au lieu de cette âme tendre et passionnée et qui m'aime avec une sorte d'enthousiasme qui m'étonne ? où en serais-je maintenant si la duchesse avait eu l'âme de son frère
200 le marquis del Dongo ? **(75)**

Accablé par ces souvenirs cruels, Fabrice ne marchait plus que d'un pas incertain ; il parvint au bord du fossé précisément vis-à-vis la magnifique façade du château. Ce fut à peine s'il jeta un regard sur ce grand édifice noirci par le temps. Le noble

---

122. Fabrice a passé de longs mois studieux à faire des fouilles archéologiques à Naples (voir liv. I, résumé du chapitre VI) ; **123.** Voir livre premier, chapitre VI.

━━━━━━━ **QUESTIONS** ━━━━━━━

74. Pourquoi Fabrice se plaît-il à croire à l'astrologie et à la mettre au rang d'une science véritable ? Quel trait de l'âme italienne du héros vient mettre en lumière ce passage ? Comparez ce passage aux lignes 57-79 du chapitre II.

75. Est-il étonnant de relever dans le nouveau monologue intérieur de Fabrice l'idée qu'un événement ait pu changer sa destinée ? — De quelle manière, en se reconnaissant l'objet de la protection de sa tante et de Mosca, Fabrice s'avoue-t-il une seconde fois le jouet du destin ? A-t-il l'air d'attribuer à son rôle dans le monde l'importance qu'y attachait Julien Sorel dans *le Rouge et le Noir* ?

205 langage de l'architecture le trouva insensible; le souvenir
de son frère et de son père fermait son âme à toute sensation de
beauté, il n'était attentif qu'à se tenir sur ses gardes en présence
d'ennemis hypocrites et dangereux. Il regarda un instant, mais
avec un dégoût marqué, la petite fenêtre de la chambre qu'il
210 occupait avant 1815 au troisième étage. Le caractère de son
père avait dépouillé de tout charme les souvenirs de la première
enfance[124]. Je n'y suis pas rentré, pensa-t-il, depuis le
7 mars à 8 heures du soir. J'en sortis pour aller prendre le passeport de Vasi, et le lendemain, la crainte des espions me fit
215 précipiter mon départ. Quand je repassai après le voyage en
France, je n'eus pas le temps d'y monter, même pour revoir
mes gravures, et c'est grâce à la dénonciation de mon frère.

Fabrice détourna la tête avec horreur. L'abbé Blanès a
plus de quatre-vingt-trois ans, se dit-il tristement, il ne vient
220 presque plus au château, à ce que m'a raconté ma sœur; les
infirmités de la vieillesse ont produit leur effet. Ce cœur si
ferme et si noble est glacé par l'âge. Dieu sait depuis combien
de temps il ne va plus à son clocher! je me cacherai dans le
cellier, sous les cuves ou sous le pressoir jusqu'au moment de
225 son réveil; je n'irai pas troubler le sommeil du bon vieillard;
probablement il aura oublié jusqu'à mes traits; six ans font
beaucoup à cet âge! je ne trouverai plus que le tombeau d'un
ami! Et c'est un véritable enfantillage, ajouta-t-il, d'être venu
ici affronter le dégoût que me cause le château de mon père. **(76)**
230 Fabrice entrait alors sur la petite place de l'église; ce fut avec
un étonnement allant jusqu'au délire qu'il vit, au second étage
de l'antique clocher, la fenêtre étroite et longue éclairée par la
petite lanterne de l'abbé Blanès. L'abbé avait coutume de l'y
déposer, en montant à la cage de planches qui formait son
235 observatoire, afin que la clarté ne l'empêchât pas de lire sur son
planisphère. Cette carte du ciel était tendue sur un grand vase de
terre cuite qui avait appartenu jadis à un oranger du château.

---

124. Cette phrase reflète les sentiments que Stendhal portait à son père. On
retrouve souvent de ces phrases dans son œuvre, par exemple : « Cette saison que
tout le monde dit être celle des vrais plaisirs de la vie, grâce à mon père n'a été pour
moi qu'une suite de douleurs amères et de dégoûts » (*Vie de Henry Brulard*, I, 92).

——— **QUESTIONS** ———

76. Le dégoût de son enfance, brimée par un père détestable, ne le
rapproche-t-il pas de Julien Sorel (voir *Documentation thématique*)?
Montrez ici la parenté spirituelle entre Stendhal et ses deux héros (voir
Vie de Henry Brulard, Documentation thématique).

Dans l'ouverture, au fond du vase, brûlait la plus exiguë des
lampes, dont un petit tuyau de fer-blanc conduisait la fumée
240 hors du vase, et l'ombre du tuyau marquait le nord sur la
carte [125]. Tous ces souvenirs de choses si simples inondèrent
d'émotions l'âme de Fabrice et la remplirent de bonheur.

Presque sans y songer, il fit avec l'aide de ses deux mains le
petit sifflement bas et bref qui autrefois était le signal de son
245 admission. Aussitôt il entendit tirer à plusieurs reprises la corde
qui, du haut de l'observatoire, ouvrait le loquet de la porte du
clocher. Il se précipita dans l'escalier, ému jusqu'au transport;
il trouva l'abbé sur son fauteuil de bois à sa place accoutumée;
son œil était fixé sur la petite lunette d'un quart de cercle
250 mural. De la main gauche, l'abbé lui fit signe de ne pas l'interrompre dans son observation; un instant après il écrivit un
chiffre sur une carte à jouer [126], puis, se retournant sur son
fauteuil, il ouvrit les bras à notre héros qui s'y précipita en
fondant en larmes. L'abbé Blanès était son véritable père. (77)
255 — Je t'attendais, dit Blanès, après les premiers mots d'épan-
chement et de tendresse. L'abbé faisait-il son métier de savant;
ou bien, comme il pensait souvent à Fabrice, quelque signe
astrologique lui avait-il par un pur hasard annoncé son retour?
 — Voici ma mort qui arrive, dit l'abbé Blanès.
260 — Comment! s'écria Fabrice tout ému.
 — Oui, reprit l'abbé d'un ton sérieux, mais point triste :
cinq mois et demi ou six mois et demi après que je t'aurai revu,
ma vie ayant trouvé son complément de bonheur, s'éteindra.

Come face al mancar dell'alimento [127]

---

125. Il semble que tout ce passage, selon la remarque de Pierre Martino, soit à
rapprocher des *Confessions* de J.-J. Rousseau (Ire partie, livre VI); 126. Souvenir
personnel de Stendhal, qui donne à l'abbé Blanès une habitude qui lui est chère.
Stendhal écrivait au dos des cartes à jouer traînant dans les loges de la Scala des
anecdotes que l'on retrouvera dans *De l'amour; 127.* Ce vers que Stendhal traduit
lui-même est extrait de la *Mascheronia* de Monti, poète milanais déjà cité par
Stendhal, qui le comparaît au Tasse.

--- **QUESTIONS** ---

77. Étudiez le changement de registres ainsi que le changement de
rythme dans ce passage; l'introduction de l'action précise et de la description pittoresque après les longues méditations. Comment l'abbé Blanès, dans son observatoire, est-il présenté comme un personnage original
à tous les sens du mot? — Appréciez le mélange dans ce passage des
souvenirs littéraires et des éléments autobiographiques. — Notez
l' « allegro » joyeux de cette scène, qui achemine le lecteur vers la conclu-
sion du passage : *L'abbé Blanès était son véritable père.*

265 (comme la petite lampe quand l'huile vient à manquer). Avant le moment suprême, je passerai probablement un ou deux mois sans parler, après quoi je serai reçu dans le sein de notre père; si toutefois il trouve que j'ai rempli mon devoir dans le poste où il m'avait placé en sentinelle.

270 Toi tu es excédé de fatigue, ton émotion te dispose au sommeil. Depuis que je t'attends, j'ai caché un pain et une bouteille d'eau-de-vie dans la grande caisse de mes instruments. Donne ces soutiens à ta vie et tâche de prendre assez de forces pour m'écouter encore quelques instants. Il est en mon pouvoir de te 275 dire plusieurs choses avant que la nuit soit tout à fait remplacée par le jour; maintenant je les vois beaucoup plus distinctement que peut-être je ne les verrai demain. Car, mon enfant, nous sommes toujours faibles, et il faut toujours faire entrer cette faiblesse en ligne de compte. Demain peut-être le 280 vieil homme, l'homme terrestre sera occupé en moi des préparatifs de ma mort, et demain soir à 9 heures, il faut que tu me quittes. **(78)**

Fabrice lui ayant obéi en silence comme c'était sa coutume,

— Donc, il est vrai, reprit le vieillard, que lorsque tu as 285 essayé de voir Waterloo, tu n'as trouvé d'abord qu'une prison.

— Oui, mon père, répliqua Fabrice étonné.

— Eh bien, ce fut un rare bonheur, car, averti par ma voix, ton âme peut se préparer à une autre prison bien autrement 290 dure, bien plus terrible! Probablement tu n'en sortiras que par un crime, mais, grâce au ciel, ce crime ne sera pas commis par toi. Ne tombe jamais dans le crime avec quelque violence que tu sois tenté; je crois voir qu'il sera question de tuer un innocent, qui, sans le savoir, usurpe tes droits; si tu résistes à 295 la violente tentation qui semblera justifiée par les lois de l'honneur, ta vie sera très heureuse aux yeux des hommes..., et raisonnablement heureuse aux yeux du sage, ajouta-t-il, après un instant de réflexion; tu mourras comme moi, mon fils, assis sur un siège de bois, loin de tout luxe, et détrompé du luxe, et 300 comme moi n'ayant à te faire aucun reproche grave.

Maintenant, les choses de l'état futur sont terminées entre nous, je ne pourrais ajouter rien de bien important. C'est en

——————— **QUESTIONS** ———————

78. Par quels traits Stendhal met-il en relief le rôle de devin de l'abbé Blanès? Par quels moyens accrédite-t-il son personnage auprès du lecteur? Quelle impression produit cette scène?

Phot. Larousse.

Une villa italienne
au début
du XIXe siècle.

Lithographie
de Villain,
d'après Thomas.
Paris,
bibliothèque
des Arts décoratifs.

vain que j'ai cherché à voir de quelle durée sera cette prison ;
s'agit-il de six mois, d'un an, de dix ans ? Je n'ai rien pu décou-
305 vrir ; apparemment j'ai commis quelque faute, et le ciel a voulu
me punir par le chagrin de cette incertitude. J'ai vu seulement
qu'après la prison, mais je ne sais si c'est au moment même
de la sortie, il y aura ce que j'appelle un crime, mais par bonheur je crois être sûr qu'il ne sera pas commis par toi. Si tu as
310 la faiblesse de tremper dans ce crime, tout le reste de mes calculs
n'est qu'une longue erreur. Alors tu ne mourras point avec la
paix de l'âme, sur un siège de bois et vêtu de blanc [128]. En disant
ces mots, l'abbé Blanès voulut se lever ; ce fut alors que Fabrice
s'aperçut des ravages du temps ; il mit près d'une minute à se
315 lever et à se retourner vers Fabrice. Celui-ci le laissait faire,
immobile et silencieux. L'abbé se jeta dans ses bras à diverses
reprises ; il le serra avec une extrême tendresse. (79) Après quoi
il reprit avec toute sa gaieté d'autrefois : Tâche de t'arranger au
milieu de mes instruments pour dormir un peu commodément,
320 prends mes pelisses ; tu en trouveras plusieurs de grand prix
que la duchesse Sanseverina me fit parvenir il y a quatre ans.
Elle me demanda une prédiction sur ton compte, que je me
gardai bien de lui envoyer, tout en gardant ses pelisses et son
beau quart de cercle. Toute annonce de l'avenir est une infrac-
325 tion à la règle, et a ce danger qu'elle peut changer l'événement,
auquel cas toute la science tombe par terre comme un véritable
jeu d'enfant ; et d'ailleurs il y avait des choses dures à dire à
cette duchesse toujours si jolie. A propos, ne sois point effrayé
dans ton sommeil par les cloches qui vont faire un tapage
330 effroyable à côté de ton oreille, lorsque l'on va sonner la messe
de sept heures ; plus tard, à l'étage inférieur, ils vont mettre
en branle le gros bourdon qui secoue tous mes instruments.

---

128. Allusion à la fin du roman, où Fabrice va revêtir la robe blanche des
Chartreux.

─── **QUESTIONS** ───

79. Les présages de l'abbé Blanès laissent-ils deviner au lecteur le
déroulement du roman ou l'éclairent-ils rétrospectivement lorsqu'on
connaît le dénouement ? Pourquoi restent-ils dans le vague et dans une
relative obscurité ? Sont-ils de nature à influencer l'âme sensible de
Fabrice et, par là, à déterminer ce qu'il est tout disposé à nommer :
sa destinée ? En quoi cette prophétie illustre-t-elle le propos du philosophe Alain : « Ses paroles resteront dans votre mémoire, [...] elles revien-
dront à l'improviste dans vos rêveries et dans vos rêves, en vous troublant
tout juste un peu, jusqu'au jour où les événements auront l'air de vouloir
s'y ajuster » (*Propos sur le bonheur*, chap. XXV) ?

C'est aujourd'hui saint Giovita [129], martyr et soldat. Tu sais,
le petit village de Grianta a le même patron que la grande ville
335 de Brescia, ce qui, par parenthèse, trompa d'une façon bien
plaisante mon illustre maître Jacques Marini de Ravenne.
Plusieurs fois il m'annonça que je ferais une assez belle fortune
ecclésiastique, il croyait que je serais curé de la magnifique église
de Saint-Giovita, à Brescia ; j'ai été curé d'un petit village de
340 sept cent cinquante feux ! Mais tout a été pour le mieux. J'ai vu,
il n'y a pas dix ans de cela, que si j'eusse été curé à Brescia,
ma destinée était d'être mis en prison sur une colline de la
Moravie, au Spielberg [130]. Demain je t'apporterai toutes sortes
de mets délicats volés au grand dîner que je donne à tous les
345 curés des environs qui viennent chanter à ma grand'messe.
Je les apporterai en bas, mais ne cherche point à me voir, ne
descends pour te mettre en possession de ces bonnes choses que
lorsque tu m'auras entendu ressortir. Il ne faut pas que tu me
revoies *de jour*, et le soleil se couchant demain à sept heures et
350 vingt-sept minutes, je ne viendrai t'embrasser que vers les
huit heures, et il faut que tu partes pendant que les heures se
comptent encore par neuf, c'est-à-dire avant que l'horloge ait
sonné dix heures. Prends garde que l'on ne te voie aux fenêtres
du clocher : les gendarmes ont ton signalement et ils sont en
355 quelque sorte sous les ordres de ton frère qui est un fameux
tyran. Le marquis del Dongo s'affaiblit, ajouta Blanès d'un air
triste, et s'il te revoyait, peut-être te donnerait-il quelque chose
de la main à la main. Mais de tels avantages entachés de fraude
ne conviennent point à un homme tel que toi, dont la force sera
360 un jour dans sa conscience. Le marquis abhorre son fils
Ascagne, et c'est à ce fils qu'échoiront les cinq ou six millions
qu'il possède. C'est justice. Toi, à sa mort, tu auras une pension
de quatre mille francs, et cinquante aunes de drap noir pour
le deuil de tes gens. **(80) (81)**

---

129. *San Giovita* fut décapité à Brescia en 121 avec Faustinus. Leur fête aurait dû
être célébrée le 15 février, anniversaire de leur martyre, mais, dans la chronologie
stendhalienne de *la Chartreuse*, elle se situerait plutôt vers le 15 août, qui coïncide
également avec la Saint-Napoléon ; 130. *Spielberg.* Cette prison à laquelle Stendhal
fait allusion à plusieurs reprises était aménagée sur une hauteur en Moravie. On la
connaît surtout par les *Mémoires d'un prisonnier d'État* d'Andryane et par *Mes
Prisons* de S. Pellico.

QUESTIONS

Questions 80 et 81, v. p. 115.

CHAPITRE IX

L'âme de Fabrice était exaltée par les discours du vieillard, par la profonde attention et par l'extrême fatigue. Il eut grand' peine à s'endormir, et son sommeil fut agité de songes, peut-être présages de l'avenir; le matin, à dix heures, il fut réveillé par
5 le tremblement général du clocher, un bruit effroyable semblait venir du dehors. Il se leva éperdu, et se crut à la fin du monde, puis il pensa qu'il était en prison; il lui fallut du temps pour reconnaître le son de la grosse cloche que quarante paysans mettaient en mouvement en l'honneur du grand saint Giovita,
10 dix auraient suffi.

Fabrice chercha un endroit convenable pour voir sans être vu; il s'aperçut que de cette grande hauteur, son regard plongeait sur les jardins, et même sur la cour intérieure du château de son père. Il l'avait oublié. L'idée de ce père arrivant aux
15 bornes de la vie changeait tous ses sentiments. Il distinguait jusqu'aux moineaux qui cherchaient quelques miettes de pain sur le grand balcon de la salle à manger. Ce sont les descendants de ceux qu'autrefois j'avais apprivoisés, se dit-il. Ce balcon, comme tous les autres balcons du palais, était chargé
20 d'un grand nombre d'orangers dans des vases de terre plus ou

————— QUESTIONS —————

80. Par quel détour ingénieux est rappelée ici l'existence de la duchesse Sanseverina? — L'attitude légèrement ironique de l'abbé à l'égard de sa propre prédiction ne traduit-elle pas l'attitude de Stendhal lui-même? Prouvez-le. Fabrice, isolé dans son clocher, ne préfigure-t-il pas l'isolement de la tour Farnèse? L'abbé Blanès n'agit-il pas déjà lui-même conformément à ses prédictions? Son comportement peut-il influencer Fabrice?

81. SUR L'ENSEMBLE DU CHAPITRE VIII. — Les éléments exaltants du paysage italien ressentis par Stendhal à travers son héros.

— L'influence du paysage sur la rêverie de Fabrice.

— En quoi cette nuit d'isolement au bord du lac est-elle une expérience du bonheur pour le héros?

— Comment, d'après ce chapitre, pouvons-nous saisir que, pour Stendhal, le bonheur réside dans l'ineffable?

— Comment le passage s'intègre-t-il dans l'action du roman?

— Importance de ce passage dans la structure générale de l'œuvre.

— Valeur, dans l'esthétique romanesque, des prédictions de l'abbé Blanès, exprimées comme une « ouverture symphonique où dominent les thèmes majeurs de la vie du héros principal : isolement, bonheur, innocence, prison » (voir Notice).

moins grands : cette vue l'attendrit ; l'aspect de cette cour
intérieure, ainsi ornée avec ses ombres bien tranchées et mar-
quées par un soleil éclatant, était vraiment grandiose.

25 L'affaiblissement de son père lui revenait à l'esprit. Mais c'est
vraiment singulier, se disait-il, mon père n'a que trente-
cinq ans de plus que moi ; trente-cinq et vingt-trois ne font que
cinquante-huit ! Ses yeux, fixés sur les fenêtres de la chambre
de cet homme sévère et qui ne l'avait jamais aimé, se remplirent
de larmes. Il frémit, et un froid soudain courut dans ses veines
30 lorsqu'il crut reconnaître son père traversant une terrasse
garnie d'orangers, qui se trouvait de plain-pied avec sa
chambre ; mais ce n'était qu'un valet de chambre. Tout à fait
sous le clocher, une quantité de jeunes filles vêtues de blanc et
divisées en différentes troupes étaient occupées à tracer des
35 dessins avec des fleurs rouges, bleues et jaunes sur le sol des
rues où devait passer la procession. Mais il y avait un spectacle
qui parlait plus vivement à l'âme de Fabrice : du clocher, ses
regards plongeaient sur les deux branches du lac à une distance
de plusieurs lieues, et cette vue sublime lui fit bientôt oublier
40 toutes les autres ; elle réveillait chez lui les sentiments les plus
élevés. Tous les souvenirs de son enfance vinrent en foule
assiéger sa pensée ; et cette journée passée en prison dans un
clocher fut peut-être l'une des plus heureuses de sa vie. (82)

Le bonheur le porta à une hauteur de pensées assez étran-
45 gère à son caractère ; il considérait les événements de la vie,
lui, si jeune, comme si déjà il fût arrivé à sa dernière limite.
Il faut en convenir, depuis mon arrivée à Parme, se dit-il enfin,
après plusieurs heures de rêveries délicieuses, je n'ai point eu
de joie tranquille et parfaite, comme celle que je trouvais à
50 Naples en galopant dans les chemins de Vomero ou en courant
les rives de Misène [131]. Tous les intérêts si compliqués de cette
petite cour méchante m'ont rendu méchant [132]... Je n'ai point
du tout de plaisir à haïr, je crois même que ce serait un triste

---

131. *Misène.* Ce cap se trouve à la pointe sud du golfe de Pouzzoles, de même que
la plaine de *Vomero*, qui domine la baie de Naples ; **132.** Stendhal n'a jamais été
un disciple de J.-J. Rousseau, mais il connaissait bien son œuvre. Cette phrase rappelle les théories les plus chères du philosophe.

— QUESTIONS —

82. Étudiez l'évocation pittoresque du réveil de Fabrice dans son
clocher. Quelle est la valeur précise de son songe prémonitoire ? Quel est le
lien logique et psychologique de ce chapitre et du précédent ? Montrez
l'originalité du « point de vue ». Comment s'enchaînent les différents
éléments de la rêverie du héros ? Commentez les lignes 47 et 48.

bonheur pour moi que celui d'humilier mes ennemis si j'en
55 avais; mais je n'ai point d'ennemi... Halte-là! se dit-il tout à
coup, j'ai pour ennemi Giletti... Voilà qui est singulier, se dit-il;
le plaisir que j'éprouverais à voir cet homme si laid aller à tous
les diables, survit au goût fort léger que j'avais pour la petite
Marietta... Elle ne vaut pas, à beaucoup près, la duchesse
60 d'A*** que j'étais obligé d'aimer à Naples puisque je lui avais
dit que j'étais amoureux d'elle. Grand Dieu! que de fois je me
suis ennuyé durant les longs rendez-vous que m'accordait cette
belle duchesse; jamais rien de pareil dans la chambre délabrée
et servant de cuisine où la petite Marietta m'a reçu deux fois,
65 et pendant deux minutes chaque fois.

Eh, grand Dieu! qu'est-ce que ces gens-là mangent? C'est à
faire pitié! J'aurais dû faire à elle et à la *mammacia* une pension
de trois beefsteacks payables tous les jours... La petite Marietta,
ajouta-t-il, me distrayait des pensées méchantes que me donnait
70 le voisinage de cette cour. (83)

J'aurais peut-être bien fait de prendre la vie de café, comme
dit la duchesse; elle semblait pencher de ce côté-là, et elle a
bien plus de génie que moi. Grâce à ses bienfaits, ou bien
seulement avec cette pension de quatre mille francs et ce fonds
75 de quarante mille placés à Lyon et que ma mère me destine,
j'aurais toujours un cheval et quelques écus pour faire des
fouilles et former un cabinet. Puisqu'il semble que je ne dois
pas connaître l'amour, ce seront toujours là pour moi les
grandes sources de félicité; je voudrais, avant de mourir, aller
80 revoir le champ de bataille de Waterloo, et tâcher de reconnaître
la prairie où je fus si gaiement enlevé de mon cheval et assis
par terre. Ce pèlerinage accompli, je reviendrais souvent sur ce
lac sublime; rien d'aussi beau ne peut se voir au monde, du
moins pour mon cœur. A quoi bon aller si loin chercher le
85 bonheur, il est là sous mes yeux! (84)

──────── **QUESTIONS** ────────

83. Remarquez que, presque toujours, le sentiment de l'altitude et
l'exaltation vont de pair chez le héros stendhalien. Pourquoi? Quel est
le point de départ de la méditation de Fabrice sur sa vie passée? Sa
situation « élevée » lui permet-elle également de dominer les événements?
En quoi? — Étudiez l'enchaînement naturel de ce long monologue intérieur et la vivacité du style direct.

84. Que révèle sur l'état d'âme du héros la réflexion *puisqu'il semble
que je ne dois pas connaître l'amour* (ligne 77)? — Pourquoi le mot *pèlerinage* lorsqu'il s'agit de Waterloo? Qu'indique cette permanence de la
nostalgie napoléonienne, mythe du « paradis perdu » pour les âmes
nobles?

[Mais la brusque pensée de la police à sa recherche et la vue de gendarmes passant dans la grand-rue du village ôtent à Fabrice la joie du spectacle.

Fabrice se rend compte qu'il ne peut être vu, mais, « malgré des raisonnements si clairs, l'âme italienne de Fabrice eût été désormais hors d'état de goûter aucun plaisir, s'il n'eût interposé entre lui et les gendarmes un lambeau de vieille toile qu'il cloua contre la fenêtre et auquel il fit deux trous pour les yeux ». Ainsi Fabrice assiste-t-il à la fête du village, tandis que la procession sortie de l'église se répand dans la ville et que les « mortaretti » se font entendre. Il revit ainsi avec bonheur les joies de son enfance, puis fait un excellent dîner grâce aux vivres que lui a adressés l'abbé Blanès par l'entremise de la Ghita. Enfin, après les derniers adieux au vieil homme et ses dernières prédictions, il descend de son clocher et échappe à grand-peine à quatre gendarmes dont ses pistolets avaient attiré l'attention. « Fabrice frémit en pensant au danger qu'il venait d'éviter ; il doubla le pas mais bientôt il ne put s'empêcher de courir, ce qui n'était pas trop prudent, car il se fit remarquer de plusieurs paysans qui regagnaient leur logis. Il ne put prendre sur lui de s'arrêter que dans la montagne à plus d'une lieue de Grianta, et, même arrêté, il eut une sueur froide en pensant au Spielberg. »]

Voilà une belle peur ! se dit-il : en entendant le son de ce mot, il fut presque tenté d'avoir honte. Mais ma tante ne me dit-elle pas que la chose dont j'ai le plus besoin c'est d'apprendre à me pardonner ? Je me compare toujours à un modèle
90 parfait, et qui ne peut exister. Eh bien ! je me pardonne ma peur, car, d'un autre côté, j'étais bien disposé à défendre ma liberté, et certainement tous les quatre ne seraient pas restés debout pour me conduire en prison. Ce que je fais en ce moment, ajouta-t-il, n'est pas militaire ; au lieu de me retirer
95 rapidement, après avoir rempli mon objet, et peut-être donné l'éveil à mes ennemis, je m'amuse à une fantaisie plus ridicule peut-être que toutes les prédictions du bon abbé.

En effet, au lieu de se retirer par la ligne la plus courte, et de gagner les bords du lac Majeur, où sa barque l'attendait, il
100 faisait un énorme détour pour aller voir *son arbre*. Le lecteur se souvient peut-être de l'amour que Fabrice portait à un marronnier planté par sa mère vingt-trois ans auparavant. Il serait digne de mon frère, se dit-il, d'avoir fait couper cet arbre ; mais ces êtres-là ne sentent pas les choses délicates ; il n'y aura
105 pas songé. Et d'ailleurs, ce ne serait pas d'un mauvais augure, ajouta-t-il avec fermeté. Deux heures plus tard son regard fut consterné ; des méchants ou un orage avaient rompu l'une des

principales branches du jeune arbre, qui pendait desséchée;
Fabrice la coupa avec respect, à l'aide de son poignard, et tailla
110 bien net la coupure, afin que l'eau ne pût pas s'introduire dans
le tronc. Ensuite, quoique le temps fût bien précieux pour lui,
car le jour allait paraître, il passa une bonne heure à bêcher
la terre autour de l'arbre chéri. Toutes ces folies accomplies, il
reprit rapidement la route du lac Majeur. Au total, il n'était
115 point triste, l'arbre était d'une belle venue, plus vigoureux que
jamais, et, en cinq ans, il avait presque doublé. La branche
n'était qu'un accident sans conséquence; une fois coupée, elle
ne nuisait plus à l'arbre, et même il serait plus élancé, sa mem-
brure commençant plus haut. **(85)**

120   Fabrice n'avait pas fait une lieue, qu'une bande éclatante
de blancheur dessinait à l'orient les pics du *Resegon di Lek* [133],
montagne célèbre dans le pays. La route qu'il suivait se couvrait de paysans; mais, au lieu d'avoir des idées militaires,
Fabrice se laissait attendrir par les aspects sublimes ou tou-
125 chants de ces forêts des environs du lac de Côme. Ce sont peut-
être les plus belles du monde; je ne veux pas dire celles qui
rendent le plus d'*écus neufs*, comme on dirait en Suisse, mais
celles qui parlent le plus à l'âme. Écouter ce langage dans la
position où se trouvait Fabrice, en butte aux attentions de
130 MM. les gendarmes lombardo-vénitiens, c'était un véritable
enfantillage. Je suis à une demi-lieue de la frontière, se dit-il
enfin, je vais rencontrer des douaniers et des gendarmes faisant
leur ronde du matin : cet habit de drap fin va leur être suspect,
ils vont me demander mon passeport; or, ce passeport porte
135 en toutes lettres un nom promis à la prison; me voici dans
l'agréable nécessité de commettre un meurtre. Si, comme de
coutume, les gendarmes marchent deux ensemble, je ne puis
pas attendre bonnement pour faire feu que l'un des deux
cherche à me prendre au collet; pour peu qu'en tombant il me
140 retienne un instant, me voilà au Spielberg. Fabrice, saisi d'hor-

---

133. Le mont Resegone domine Lecco, au-dessus du lac de Côme. Stendhal fait
souvent allusion à cette montagne, qui l'a impressionné dès son arrivée en Italie.

──────── **QUESTIONS** ────────────────────────────

85. Quelles réflexions traduisent ici le caractère juvénile de Fabrice?
Quel autre trait de caractère met en relief sa visite à son arbre malgré la
peur qu'il a pu éprouver? Cet arbre a-t-il une valeur de symbole pour
Stendhal? Pour Fabrice? En quoi ce passage révèle-t-il l'âme poétique de
Stendhal? — En quoi ce chapitre révèle-t-il également l'âme paysanne
de Fabrice, son contact direct avec la nature, source de vie?

reur surtout de cette nécessité de faire feu le premier, peut-être
sur un ancien soldat de son oncle, le comte Pietranera, courut
se cacher dans le tronc creux d'un énorme châtaignier; il renou-
velait l'amorce de ses pistolets, lorsqu'il entendit un homme
145 qui s'avançait dans le bois en chantant très bien un air délicieux
de *Mercadant* [134], alors à la mode en Lombardie. **(86)**

Voilà qui est d'un bon augure! se dit Fabrice. Cet air qu'il
écoutait religieusement lui ôta la petite pointe de colère qui
commençait à se mêler à ses raisonnements. Il regarda atten-
150 tivement la grande route des deux côtés, il n'y vit personne; le
chanteur arrivera par quelque chemin de traverse, se dit-il.
Presque au même instant, il vit un valet de chambre très propre-
ment vêtu à l'anglaise, et monté sur un cheval de suite, qui
s'avançait au petit pas en tenant en main un beau cheval de
155 race, peut-être un peu trop maigre.

Ah! si je raisonnais comme Mosca, se dit Fabrice, lorsqu'il
me répète que les dangers que court un homme sont toujours
la mesure de ses droits sur le voisin, je casserais la tête d'un
coup de pistolet à ce valet de chambre, et, une fois monté
160 sur le cheval maigre [135], je me moquerais fort de tous les gendarmes du monde. A peine de retour à Parme, j'enverrais de
l'argent à cet homme ou à sa veuve... mais ce serait une
horreur! **(87) (88)**

---

134. *Mercadante* (1795-1870) : compositeur napolitain dont Stendhal a entendu
à Milan, vers 1821, les premiers opéras; **135.** Ce trait n'est pas seulement une indi-
cation pittoresque, mais révèle Stendhal cavalier et amateur-connaisseur en chevaux,
qualités dont il a doté Fabrice après Lucien Leuwen.

─────── **QUESTIONS** ───────

86. Étudiez le retour du paysage exaltant, leitmotiv de *la Chartreuse*.
Quelle est, d'après Stendhal, la supériorité du paysage italien sur le
paysage suisse évoqué ici? — Comment se trouve-t-on de nouveau
inséré dans un récit mouvementé? Appréciez ici le ton ironique de l'auteur. Comment Stendhal éveille-t-il la curiosité du lecteur à la fin de ce
paragraphe?

87. L'art étonnant du héros stendhalien de « s'abstraire » d'une situation dangereuse pour se laisser gagner par l'attendrissement, à quoi est-il
dû ici? Quel trait de caractère de Fabrice la fin de ce passage met-elle en
relief?

88. SUR L'ENSEMBLE DU CHAPITRE IX. — Que révèle ce chapitre sur
l'état de disponibilité de Fabrice? Est-il important du point de vue de
l'action ou n'est-il qu'un prélude à l'action? Pourquoi les souvenirs de
jeunesse sont-ils si importants pour Fabrice? Qu'y puise-t-il?

(Suite, v. p. 121.)

CHAPITRE X

[« Mon ami, dit-il au valet de chambre, je ne suis pas un voleur ordinaire, car je vais commencer par vous donner vingt francs, mais je suis obligé de vous emprunter votre cheval. » Fabrice se fait passer pour son frère et laisse le valet médusé. Après avoir fait une halte auprès de son arbre au bord du lac Majeur, il arrive le lendemain à Parme, où il apprend la mort du duc de Sanseverina-Taxis, et trouve sa tante héritière d'une immense fortune, en butte à toutes les calomnies. La duchesse, le comte et Fabrice de nouveau réunis, ce dernier raconte ses aventures.

Puis, lors de sa visite au père Landriani, il se remémore la conversation qu'il a eue avec le comte et poursuit sa rêverie pendant le discours de l'excellent homme : « Cette prison où j'allais m'engloutir si le cheval eût bronché était-elle la prison dont je suis menacé par tant de présages ? Cette question était de la dernière importance pour lui, et l'archevêque fut content de son air de profonde attention. »]

QUESTIONS

— Le personnage de l'abbé Blanès est-il à supprimer comme le suggérait Balzac à Stendhal ? Quel est son rôle ? Quelle influence a-t-il sur la destinée de Fabrice, sur les destinées du roman, autant que la fin abrégée de *la Chartreuse* nous permette d'en juger ?

— Ce chapitre peut-il nous donner une définition du bonheur ou seulement un inventaire des bonheurs possibles pour Fabrice ?

CHAPITRE XI

[A peine sorti de l'archevêché, où sa « simplicité évangélique » a gagné le cœur du père Landriani, Fabrice se précipite chez la petite Marietta, où est attablé son rival et ennemi, Giletti « qui avait fait venir du vin et se régalait avec les moucheurs de chandelle, ses amis ». Dans ce court tableau domine la figure de la « mammacia », figure classique de la duègne, mais entremetteuse populaire, toujours geignarde et en quête d'une bonne aubaine pour elle-même et sa protégée. Elle ménage un rendez-vous à Fabrice et le laisse sur ces paroles : « [...] Je serai à la fenêtre et je te ferai signe de monter. Tâche de nous apporter quelque chose de bien joli, et la Marietta t'aime à la passion. »]

En descendant l'escalier tournant de ce taudis infâme, Fabrice était plein de componction [136] : je ne suis point changé, se disait-il ; toutes mes belles résolutions [137] prises au bord de notre lac quand je voyais la vie d'un œil si philosophique se
5 sont envolées. Mon âme était hors de son assiette ordinaire, tout cela était un rêve et disparaît devant l'austère réalité. Ce serait le moment d'agir, se dit Fabrice en rentrant au palais Sanseverina sur les onze heures du soir. Mais ce fut en vain qu'il chercha dans son cœur le courage de parler avec cette
10 sincérité sublime qui lui semblait si facile la nuit qu'il passa aux rives du lac de Côme. Je vais fâcher la personne que j'aime le mieux au monde ; si je parle, j'aurai l'air d'un mauvais comédien ; je ne vaux réellement quelque chose que dans de certains moments d'exaltation.
15   — Le comte est admirable pour moi, dit-il à la duchesse, après lui avoir rendu compte de la visite à l'archevêché ; j'apprécie d'autant plus sa conduite que je crois m'apercevoir que je ne lui plais que fort médiocrement ; ma façon d'agir doit donc être correcte à son égard. Il a ses fouilles de *Sanguigna*
20 dont il est toujours fou, à en juger du moins par son voyage

---

136. *Componction :* « Douleur profonde d'avoir offensé Dieu, un air qui témoigne du regret ; se dit parfois avec une nuance de raillerie » (Littré). Il semble bien que Stendhal ait ici employé ce mot avec une intention ironique à l'égard de son héros ;
137. Dans le chapitre précédent, Fabrice s'était promis, dans un moment d'exaltation, de ne plus jamais mentir à la duchesse et de ne plus jamais revoir la petite Marietta.

d'avant-hier ; il a fait douze lieues au galop pour passer
deux heures avec ses ouvriers. Si l'on trouve des fragments de
statues dans le temple antique dont il vient de découvrir les
fondations, il craint qu'on ne les lui vole ; j'ai envie de lui
25 proposer d'aller passer trente-six heures à Sanguigna. Demain,
vers les cinq heures, je dois revoir l'archevêque, je pourrai
partir dans la soirée et profiter de la fraîcheur de la nuit pour
faire la route.

La duchesse ne répondit pas d'abord.

30 — On dirait que tu cherches des prétextes pour t'éloigner de
moi, lui dit-elle ensuite avec une extrême tendresse ; à peine de
retour de Belgirate, tu trouves une raison pour partir. **(89)**

Voici une belle occasion de parler, se dit Fabrice. Mais
sur le lac j'étais un peu fou, je ne me suis pas aperçu dans mon
35 enthousiasme de sincérité que mon compliment finit par une
impertinence ; il s'agirait de dire : Je t'aime de l'amitié la plus
dévouée, etc., etc., mais mon âme n'est pas susceptible d'amour.
N'est-ce pas dire : Je vois que vous avez de l'amour pour moi ;
mais prenez garde, je ne puis vous payer en même monnaie ?
40 Si elle a de l'amour, la duchesse peut se fâcher d'être devinée,
et elle sera révoltée de mon impudence si elle n'a pour moi
qu'une amitié toute simple... et ce sont de ces offenses qu'on
ne pardonne point.

Pendant qu'il pesait ces idées importantes, Fabrice, sans
45 s'en apercevoir, se promenait dans le salon, d'un air grave et
plein de hauteur, en homme qui voit le malheur à dix pas de lui.

La duchesse le regardait avec admiration ; ce n'était plus
l'enfant qu'elle avait vu naître, ce n'était plus le neveu toujours prêt à lui obéir : c'était un homme grave et duquel il
50 serait délicieux de se faire aimer. Elle se leva de l'ottomane [138]
où elle était assise, et, se jetant dans ses bras avec transport :

— Tu veux donc me fuir ? lui dit-elle.

---

138. *Ottomane* : lit de repos en forme d'ovale allongé et à long dossier envelop-
pant (XVIIIᵉ siècle).

──────── **QUESTIONS** ────────

89. Pourquoi Fabrice hésite-t-il à parler à la duchesse avec cette
sincérité sublime qui lui paraissait si facile pendant sa rêverie au
bord du lac ? De quoi a-t-il pris conscience entre-temps ? Est-il exact qu'il
ne vaut réellement quelque chose que dans certains moments d'exalta-
tion ? — L'idée de partir à Sanguigna vous semble-t-elle délicatesse ou
faux-fuyant de sa part ? La duchesse peut-elle comprendre ce départ ?

— Non, répondit-il de l'air d'un empereur romain, mais je voudrais être sage.

55   Ce mot était susceptible de diverses interprétations; Fabrice ne se sentit pas le courage d'aller plus loin et de courir le hasard de blesser cette femme adorable. Il était trop jeune, trop susceptible de prendre de l'émotion; son esprit ne lui fournissait aucune tournure aimable pour faire entendre ce qu'il
60   voulait dire. Par un transport naturel et malgré tout raisonnement, il prit dans ses bras cette femme charmante et la couvrit de baisers. Au même instant, on entendit le bruit de la voiture du comte qui entrait dans la cour, et presque en même temps lui-même parut dans le salon; il avait l'air tout ému.

65   — Vous inspirez des passions bien singulières, dit-il à Fabrice, qui resta presque confondu du mot. **(90)**

L'archevêque avait ce soir l'audience que Son Altesse Sérénissime lui accorde tous les jeudis; le prince vient de me raconter que l'archevêque, d'un air tout troublé, a débuté par
70   un discours appris par cœur et fort savant, auquel d'abord le prince ne comprenait rien. Landriani a fini par déclarer qu'il était important pour l'église de Parme que *Monsignore* Fabrice del Dongo fût nommé son premier vicaire général, et, par la suite, dès qu'il aurait vingt-quatre ans accomplis, son coadju-
75   teur [139] *avec future succession.*

Ce mot m'a effrayé, je l'avoue, dit le comte; c'est aller un peu bien vite, et je craignais une boutade d'humeur chez le prince. Mais il m'a regardé en riant et m'a dit en français : Ce sont là de vos coups, monsieur !

80   — Je puis faire serment devant Dieu et devant Votre Altesse, me suis-je écrié avec toute l'onction possible, que j'ignorais parfaitement le mot de *future succession.* Alors j'ai dit la vérité, ce que nous répétions ici même il y a quelques heures; j'ai ajouté, avec entraînement, que, par la suite, je me serais
85   regardé comme comblé des faveurs de Son Altesse, si elle daignait m'accorder un petit évêché pour commencer. Il faut

---

139. *Coadjuteur :* « Ecclésiastique nommé pour aider un évêque dans ses fonctions épiscopales, et devant ordinairement lui succéder » (Littré).

━━━━━━━ **QUESTIONS** ━━━━━━━

90. Étudiez le paroxysme de la passion chez la duchesse et la conscience qu'en a prise Fabrice. — Appréciez l'extrême pudeur avec laquelle Stendhal décrit une situation délicate. Quel élément interrompt cette scène ? Ajoute-t-il à l'intérêt dramatique ?

que le prince m'ait cru, car il a jugé à propos de faire le gracieux; il m'a dit, avec toute la simplicité possible : Ceci est
une affaire officielle entre l'archevêque et moi, vous n'y entrez
90 pour rien; le bonhomme m'adresse une sorte de rapport fort
long et passablement ennuyeux, à la suite duquel il arrive à
une proposition officielle; je lui ai répondu très froidement que le
sujet était bien jeune, et surtout bien nouveau dans ma cour;
que j'aurais presque l'air de payer une lettre de change tirée
95 sur moi par l'Empereur, en donnant la perspective d'une
si haute dignité au fils d'un des grands officiers de son royaume
lombardo-vénitien. L'archevêque a protesté qu'aucune recommandation de ce genre n'avait eu lieu. C'était une bonne
sottise à me dire *à moi;* j'en ai été surpris de la part d'un homme
100 aussi entendu; mais il est toujours désorienté quand il m'adresse
la parole, et ce soir il était plus troublé que jamais, ce qui m'a
donné l'idée qu'il désirait la chose avec passion. Je lui ai dit
que je savais mieux que lui qu'il n'y avait point eu de haute
recommandation en faveur de del Dongo, que personne à ma
105 cour ne lui refusait de la capacité, qu'on ne parlait point trop
mal de ses mœurs, mais que je craignais qu'il ne fût susceptible
d'*enthousiasme,* et que je m'étais promis de ne jamais élever
aux places considérables les fous de cette espèce avec lesquels
un prince n'est sûr de rien. Alors, a continué Son Altesse, j'ai
110 dû subir un pathos presque aussi long que le premier : l'archevêque me faisait l'éloge de l'enthousiasme de la maison de Dieu.
Maladroit, me disais-je, tu t'égares, tu compromets la nomination qui était presque accordée; il fallait couper court et me
remercier avec effusion. Point : il continuait son homélie [140]
115 avec une intrépidité ridicule; je cherchais une réponse qui ne
fût point trop défavorable au petit del Dongo; je l'ai trouvée,
et assez heureuse, comme vous allez en juger : Monseigneur,
lui ai-je dit, Pie VII [141] fut un grand pape et un grand saint;
parmi tous les souverains, lui seul osa dire *non* au tyran qui
120 voyait l'Europe à ses pieds! eh bien! il était susceptible d'enthousiasme, ce qui l'a porté, lorsqu'il était évêque d'Imola, à

---

140. *Homélie.* Ce mot est employé avec un jeu sur la bivalence de sens : à la fois
leçon du bréviaire ou prône qui convient au personnage, mais aussi par dénigrement
sermon ou discours ennuyeux; **141.** *Pie VII* (1742-1823). De la famille des Chiaramonti, il entre à seize ans chez les Bénédictins. Après avoir enseigné la théologie à
Parme, puis à Rome, il devient en 1785 cardinal avant d'être évêque d'Imola. C'est
lui qui vint à Paris pour couronner l'Empereur lors de son sacre en 1804 et qui sera
arrêté en mai 1809, après l'annexion de Rome, pour avoir proclamé une bulle
d'excommunication contre l'Empereur.

écrire sa fameuse pastorale *du citoyen cardinal* Chiaramonti en
faveur de la république cisalpine[142].

Mon pauvre archevêque est resté stupéfait, et, pour achever
125 de le stupéfier, je lui ai dit d'un air fort sérieux : adieu, monseigneur, je prendrai vingt-quatre heures pour réfléchir à votre
proposition. Le pauvre homme a ajouté quelques supplications
assez mal tournées et assez inopportunes après le mot *adieu*
prononcé par moi. Maintenant, comte Mosca della Rovère, je
130 vous charge de dire à la duchesse que je ne veux pas retarder de
vingt-quatre heures une chose qui peut lui être agréable;
asseyez-vous là et écrivez à l'archevêque le billet d'approbation
qui termine toute cette affaire. J'ai écrit le billet, il l'a signé, il
m'a dit : Portez-le à l'instant même à la duchesse. Voici le
135 billet, madame, et c'est ce qui m'a donné un prétexte pour
avoir le bonheur de vous revoir ce soir. **(91)**

La duchesse lut le billet avec ravissement. Pendant le long
récit du comte, Fabrice avait eu le temps de se remettre : il
n'eut point l'air étonné de cet incident, il prit la chose en véri-
140 table grand seigneur qui naturellement a toujours cru qu'il
avait droit à ces avancements extraordinaires, à ces coups de
fortune qui mettraient un bourgeois hors des gonds; il parla
de sa reconnaissance, mais en bons termes, et finit par dire au
comte :

145 — Un bon courtisan doit flatter la passion dominante; hier
vous témoigniez la crainte que vos ouvriers de Sanguigna ne
volent les fragments de statues antiques qu'ils pourraient
découvrir; j'aime beaucoup les fouilles, moi; si vous voulez
bien le permettre, j'irai voir les ouvriers. Demain soir, après
150 les remerciements convenables au palais et chez l'archevêque,
je partirai pour Sanguigna.

---

142. Encore évêque d'Imola, devenu citoyen de la république Cisalpine après la
paix de Tolentino, le futur Pie VII a bien servi la cause de la liberté et de l'égalité,
et même flatté les Français. Ce n'est que lorsque Napoléon lui apparaîtra comme un
tyran qu'il reprendra l'attitude millénaire de la papauté, qui s'est maintes fois, au
cours de l'Histoire, opposée aux prétentions des souverains quels qu'ils soient.

——— **QUESTIONS** ———————

91. Pour quelles raisons diverses Mosca s'est-il employé à faire la fortune ecclésiastique de Fabrice? Pourquoi expose-t-il aussi longuement les
circonstances de sa nomination? — Que nous laisse supposer ce passage
sur l'état de l'Église en Italie à l'époque de *la Chartreuse?* Appréciez au
cours de ce récit l'ironie de Mosca à l'égard de sa propre puissance et à
l'égard des puissants qu'il manœuvre. Le compliment de Mosca à la
duchesse à la fin de ce passage est-il pure galanterie?

— Mais devinez-vous, dit la duchesse au comte, d'où vient cette passion subite du bon archevêque pour Fabrice?

— Je n'ai pas besoin de deviner; le grand vicaire dont le
155 frère est capitaine me disait hier : Le père Landriani part de ce principe certain, que le titulaire est supérieur au coadjuteur, et il ne se sent pas de joie d'avoir sous ses ordres un del Dongo et de l'avoir obligé. Tout ce qui met en lumière la haute naissance de Fabrice ajoute à son bonheur intime : il a un tel homme pour
160 aide de camp! En second lieu monseigneur Fabrice lui a plu, il ne se sent point timide devant lui; enfin il nourrit depuis dix ans une haine bien conditionnée pour l'évêque de Plaisance, qui affiche hautement la prétention de lui succéder sur le siège de Parme, et qui de plus est fils d'un meunier. C'est
165 dans ce but de succession future que l'évêque de Plaisance a pris des relations fort étroites avec la marquise Raversi, et maintenant ces liaisons font trembler l'archevêque pour le succès de son dessein favori, avoir un del Dongo à son état-major, et lui donner des ordres. **(92)**

170 Le surlendemain, de bonne heure, Fabrice dirigeait les travaux de la fouille de Sanguigna [143], vis-à-vis Colorno [144] (c'est le Versailles des princes de Parme); ces fouilles s'étendaient dans la plaine tout près de la grande route qui conduit de Parme au pont de Casal-Maggiore, première ville de l'Au-
175 triche. Les ouvriers coupaient la plaine par une longue tranchée profonde de huit pieds et aussi étroite que possible; on était occupé à rechercher, le long de l'ancienne voie romaine, les ruines d'un second temple qui, disait-on dans le pays, existait encore au moyen âge. Malgré les ordres du prince, plusieurs
180 paysans ne voyaient pas sans jalousie ces longs fossés traversant leurs propriétés. Quoi qu'on pût leur dire, ils s'imaginaient

---

143. *Sanguigna* : petit village de la commune de Colorno. Au XVIIIe siècle, on y a fait des fouilles. L'importance archéologique de l'endroit est donc réelle. Stendhal n'a fait qu'augmenter la distance entre Sanguigna et Parme, et rapprocher le village de la grand-route de Mantoue; **144.** *Colorno* : résidence d'été des princes de Parme, qui y possédaient un somptueux château avec parcs et jardins. Elle n'a rien perdu de sa magnificence à l'époque où se situe *la Chartreuse* : c'est-à-dire sous le règne de Marie-Louise à Parme.

──────── **QUESTIONS** ────────

92. Quel est l'effet du billet du comte sur les deux interlocuteurs? Quel est celui des deux qui vous paraît le plus touché? Croyez-vous que l'attitude de Fabrice soit seulement l'indifférence du *grand seigneur?* — A travers l'ironie de Mosca ne pouvez-vous sentir l'ironie anticléricale de Stendhal?

qu'on était à la recherche d'un trésor, et la présence de Fabrice
était surtout convenable pour empêcher quelque petite émeute.
Il ne s'ennuyait point, il suivait ces travaux avec passion; de
185 temps à autre on trouvait quelque médaille, et il ne voulait pas
laisser le temps aux ouvriers de s'accorder entre eux pour
l'escamoter.

La journée était belle, il pouvait être six heures du matin :
il avait emprunté un vieux fusil à un coup, il tira quelques
190 alouettes; l'une d'elles blessée alla tomber sur la grande route;
Fabrice, en la poursuivant, aperçut de loin une voiture qui
venait de Parme et se dirigeait vers la frontière de Casal-
Maggiore. Il venait de recharger son fusil lorsque la voiture
fort délabrée s'approchant au tout petit pas, il reconnut la
195 petite Marietta; elle avait à ses côtés le grand escogriffe[145]
Giletti, et cette femme âgée qu'elle faisait passer pour sa
mère. **(93)**

Giletti s'imagina que Fabrice s'était placé ainsi au milieu
de la route, et un fusil à la main, pour l'insulter et peut-être
200 même pour lui enlever la petite Marietta. En homme de cœur
il sauta à bas de la voiture; il avait dans la main gauche un
grand pistolet fort rouillé, et tenait de la droite une épée encore
dans son fourreau, dont il se servait lorsque les besoins de la
troupe forçaient de lui confier quelque rôle de marquis.

205 — Ah! brigand! s'écria-t-il, je suis bien aise de te trouver ici
à une lieue de la frontière; je vais te faire ton affaire; tu n'es
plus protégé ici par tes bas violets.

Fabrice faisait des mines à la petite Marietta et ne s'occupait
guère des cris jaloux du Giletti, lorsque tout à coup il vit à
210 trois pieds de sa poitrine le bout du pistolet rouillé; il n'eut
que le temps de donner un coup sur ce pistolet, en se servant de
son fusil comme d'un bâton : le pistolet partit, mais ne blessa
personne.

---

145. *Escogriffe :* « Homme grand et mal fait » (Littré).

--- QUESTIONS ---

93. Quel élément autobiographique l'auteur utilise-t-il ici? Fabrice,
cependant, s'intéresse-t-il aux fouilles archéologiques pour tromper son
ennemi ou par disposition naturelle à goûter du plaisir à tout? — Montrez ici l'enchaînement naturel des circonstances qui vont mener au
drame. Comment l'auteur devient-il particulièrement précis lorsqu'il met
en scène un événement important? Rapprochez cet épisode de la première rencontre avec Clélia Conti (liv. I, chap. v).

— Arrêtez donc, f..., cria Giletti au *vetturino* [146] : en même
215 temps il eut l'adresse de sauter sur le bout du fusil de son
adversaire et de le tenir éloigné de la direction de son corps ;
Fabrice et lui tiraient le fusil chacun de toutes ses forces.
Giletti, beaucoup plus vigoureux, plaçant une main devant
l'autre, avançait toujours vers la batterie, et était sur le point
220 de s'emparer du fusil, lorsque Fabrice, pour l'empêcher d'en
faire usage, fit partir le coup. Il avait bien observé auparavant
que l'extrémité du fusil était à plus de trois pouces au-dessus
de l'épaule de Giletti : la détonation eut lieu tout près de
l'oreille de ce dernier. Il resta un peu étonné, mais se remit en
225 un clin d'œil.

— Ah! tu veux me faire sauter le crâne, canaille! je vais te
faire ton compte. Giletti jeta le fourreau de son épée de marquis,
et fondit sur Fabrice avec une rapidité admirable. Celui-ci
n'avait point d'arme et se vit perdu. **(94)**

230 Il se sauva vers la voiture, qui était arrêtée à une dizaine de
pas derrière Giletti ; il passa à gauche, et saisissant de la main
le ressort de la voiture, il tourna rapidement tout autour et
repassa tout près de la portière droite qui était ouverte. Giletti,
lancé avec ses grandes jambes et qui n'avait pas eu l'idée de se
235 retenir au ressort de la voiture, fit plusieurs pas dans sa première direction avant de pouvoir s'arrêter. Au moment où
Fabrice passait auprès de la portière ouverte, il entendit
Marietta qui lui disait à demi-voix :

— Prends garde à toi ; il te tuera. Tiens !

240 Au même instant, Fabrice vit tomber de la portière une sorte
de grand couteau de chasse ; il se baissa pour le ramasser, mais,
au même instant il fut touché à l'épaule par un coup d'épée
que lui lançait Giletti. Fabrice, en se relevant se trouva à
six pouces de Giletti qui lui donna dans la figure un coup
245 furieux avec le pommeau de son épée ; ce coup était lancé avec
une telle force qu'il ébranla tout à fait la raison de Fabrice ;
en ce moment il fut sur le point d'être tué. Heureusement pour
lui, Giletti était encore trop près pour pouvoir lui donner un

---

146. *Vetturino :* terme italien désignant le cocher ou le voiturier.

━━━━━━ **QUESTIONS** ━━━━━━━━━━━━━━━━━━━━━━━━━

94. Quel rôle joue le hasard dans la destinée de Fabrice ? Pourquoi
l'auteur prend-il soin de préciser que Fabrice va agir en état de légitime
défense ?

coup de pointe. Fabrice, quand il revint à soi, prit la fuite en
250 courant de toutes ses forces; en courant, il jeta le fourreau du
couteau de chasse et ensuite, se retournant vivement, il se
trouva à trois pas de Giletti qui le poursuivait. Giletti était
lancé, Fabrice lui porta un coup de pointe; Giletti avec son
épée eut le temps de relever un peu le couteau de chasse, mais
255 il reçut le coup de pointe en plein dans la joue gauche. Il passa
tout près de Fabrice qui se sentit percer la cuisse, c'était le
couteau de Giletti que celui-ci avait eu le temps d'ouvrir.
Fabrice fit un saut à droite; il se retourna, et enfin les deux
adversaires se trouvèrent à une juste distance de combat.
260   Giletti jurait comme un damné. Ah! je vais te couper la
gorge, gredin de prêtre, répétait-il à chaque instant. Fabrice
était tout essoufflé et ne pouvait parler; le coup de pommeau
d'épée dans la figure le faisait beaucoup souffrir, et son nez
saignait abondamment; il para plusieurs coups avec son cou-
265 teau de chasse et porta plusieurs bottes sans trop savoir ce
qu'il faisait; il lui semblait vaguement être à un assaut public.
Cette idée lui avait été suggérée par la présence de ses ouvriers
qui, au nombre de vingt-cinq ou trente, formaient cercle autour
des combattants, mais à distance fort respectueuse; car on
270 voyait ceux-ci courir à tout moment et s'élancer l'un sur l'autre.
    Le combat semblait se ralentir un peu; les coups ne se sui-
vaient plus avec la même rapidité, lorsque Fabrice se dit : à la
douleur que je ressens au visage, il faut qu'il m'ait défiguré.
Saisi de rage à cette idée, il sauta sur son ennemi la pointe du
275 couteau de chasse en avant. Cette pointe entra dans le côté
droit de la poitrine de Giletti et sortit vers l'épaule gauche;
au même instant l'épée de Giletti pénétrait de toute sa longueur
dans le haut du bras de Fabrice, mais l'épée glissa sous la
peau, et ce fut une blessure insignifiante.
280   Giletti était tombé; au moment où Fabrice s'avançait vers
lui, regardant sa main gauche qui tenait un couteau, cette
main s'ouvrait machinalement et laissait échapper son
arme. **(95) (96)**

───────── QUESTIONS ─────────

95. Fabrice fait-il preuve de courage au cours de ce combat? — Montrez la précision et le mouvement de cette scène très spectaculaire.
Étudiez les différentes séquences du combat. Quelle est la valeur du gros
plan final?

Questions 96, v. p. 131.

[Giletti mort, c'est la « mammacia » qui montre le plus de sang-froid et soigne la blessure de Fabrice. Mais cinq ou six hommes qui pourraient être des gendarmes s'avancent sur la route. Fabrice bondit dans la voiture avec les deux femmes, où il occupe la place de Giletti, dont la mammacia lui a même donné le passeport. Grâce à l'or prodigué aux ouvriers témoins du drame et au « vetturino », ils gagnent la digue au nord du Pô, évitant le galop pour déjouer les soupçons des autorités autrichiennes qui vont contrôler leurs passeports. Puis, sur une suggestion prudente de la mammacia, Fabrice, qui a donné la plus grande partie de sa bourse aux deux voyageuses, va essayer d'entrer dans la ville à pied avec le faux passeport. Il brûle le sien, qui risque d'inquiéter les autorités autrichiennes, et, « malgré une répugnance bien naturelle », confie son sort au passeport de Giletti. C'est encore pour lui le moindre danger. Cependant, Fabrice doit subir une pénible épreuve sous « l'œil scrutateur du commis de police », qui est un ami de Giletti. Le policier n'arrêtera pas le fugitif de peur de desservir les intérêts de Giletti, qu'il ne sait pas mort. Brisé d'émotions, épuisé par sa blessure, Fabrice arrive enfin à Casal-Maggiore. Dans une trattoria où il entre par hasard, il rencontre Ludovic, ancien cocher de la comtesse Sanseverina. Celui-ci n'est autre que l'amant de Théodolinde, l'aubergiste qui a accueilli Fabrice. Celle-ci, apitoyée, donne à ce dernier, aidée de Ludovic, des hardes de son mari et promet de lui faire gagner Ferrare. Heureusement, Ludovic sait aussi panser les blessures et se fait copiste bénévole des lettres de Fabrice. Il fait également « manier la rame » et se charge de guider Fabrice vers Ferrare, tout en montrant à son passager ses essais poétiques. Ainsi, après avoir traversé d'aussi grands dangers, après avoir trouvé le temps et la liberté d'esprit de corriger au milieu des périls les « fautes d'orthographe des sonnets » de Ludovic, « Fabrice entra dans Ferrare monté sur un petit cheval; il avait eu besoin de ce secours, la chaleur l'avait frappé sur le fleuve; le coup de couteau qu'il avait à la cuisse, et le coup d'épée que Giletti lui avait donné dans l'épaule, au commencement du combat, s'étaient enflammés et lui donnaient de la fièvre. »]

── QUESTIONS ──

96. Sur l'ensemble du chapitre xi. — La variété du ton et des scènes dans ce chapitre.
— Importance de ce chapitre au point de vue de l'action du roman. Étude des différentes péripéties successives. Le rôle du hasard dans le destin romanesque de Fabrice. L'aspect picaresque de la fin du chapitre.

CHAPITRE XII

[Aidé du fidèle Ludovic, Fabrice veut tout d'abord recevoir les soins d'un « chirurgien discret », puis, son hôte devenant très bavard, tous deux quittent Ferrare après mille précautions pour échapper à la police, démarche « que rend nécessaire l'absence d'un passeport ».

Arrivé à Bologne, Fabrice, très fatigué, entre dans l'église Saint-Pétrone, car il n'ose pas se présenter dans une auberge. Saisi d'un accès de foi sincère, il se jette à genoux et passe plus d'une heure en action de grâce, remerciant Dieu de la protection qu'il lui accorde.

Apprenant de la bouche de Ludovic « qu'ils sont sauvés », il retourne à Saint-Pétrone pour réciter les sept psaumes de la pénitence et brûler des cierges « pour grâce reçue ». Pendant le déjeuner, il réalise que son voisin de table n'est autre que le premier valet de chambre de sa tante. Fabrice et ce dernier vont de nouveau à l'église, où ils échangent des nouvelles. Mais ses aumônes trop généreuses trahissent l'identité véritable de Fabrice, qui quitte Bologne avec déjà un espion à ses trousses. « Fabrice vit l'espion et s'en moqua fort ; il ne songeait plus ni aux passeports ni à la police, et s'amusait de tout comme un enfant. » Par une lettre de Fabrice à Mgr Landriani, Ranuce-Ernest est au courant du meurtre de Giletti. Cette nouvelle a des effets désastreux à Parme, et les conséquences en sont graves. Comme l'écrit l'archevêque Landriani à Fabrice : « [...] La Raversi veut renverser le comte Mosca à l'aide de cet incident. Ce n'est point l'affreux péché du meurtre que le public blâme en vous, c'est uniquement la maladresse ou plutôt l'insolence de ne pas recourir à un « bulo » (sorte de fier à bras subalterne). » La conséquence de cet acte « n'est rien moins qu'une tentative de changement de ministère ». Arrêté dans ses transports de reconnaissance envers le bon archevêque par le brusque souvenir d'avoir entendu celui-ci traiter Napoléon de Buonaparte, Fabrice revient sur ses sentiments et, « pour que sa belle lettre en italien ne fût pas perdue, Fabrice y fit quelques changements nécessaires et l'adressa au comte Mosca ».

Ce même jour, il rencontre dans une rue la petite Marietta, qui avoue avoir vendu son collier d'or pour venir à Bologne et lui donne rendez-vous à la tombée de la nuit.]

CHAPITRE XIII

[Aussi, malgré un essai de chantage de la « mammacia », Fabrice coule des jours heureux à Bologne en compagnie de la jolie Marietta, à tel point que sa tante en prend de l'humeur. Cependant, « au milieu de cette vie tranquille, une misérable pique de vanité s'empara de ce cœur rebelle à l'amour et le conduisit fort loin ». Fabrice, en effet, rencontre la fameuse chanteuse Fausta F***. Sous le charme de l' « angélique douceur de cette voix », il éprouve des « sensations de bonheur suprême ». Est-ce enfin l'amour ? Pour l'éprouver, il provoque le ridicule comte M***, protecteur en titre de la Fausta. Il lui adresse des lettres insultantes signées Joseph Bossi. Le comte, qui a fini par apprendre la véritable identité de Fabrice, part pour Parme avec la Fausta, suivi de Fabrice.

Sous un déguisement singulier, Fabrice essaie à plusieurs reprises d'approcher son idole. Repoussé plusieurs fois par la Fausta, il apprend qu'elle doit chanter chez la duchesse Sanseverina. Il s'introduit chez sa tante déguisé en chasseur. Reconnu par Gina, il a besoin de toute la diplomatie du comte Mosca pour se faire pardonner : « Il ne veut pas nous compromettre par son équipée, et il sera plaisant de la lui entendre raconter. » Par le biais de nouveaux déguisements, avec la complicité de Fausta, qui le fait passer pour le prince de Parme, il « combine plusieurs projets de rendez-vous pour arriver à la Fausta ».]

Vers le matin, Fabrice combina avec la petite camériste plusieurs projets de rendez-vous pour arriver à la Fausta ; il fit appeler Ludovic et un autre de ses gens fort adroit, qui s'entendirent avec la Bettina, pendant qu'il écrivait à la Fausta
5 la lettre la plus extravagante ; la situation comportait toutes les exagérations de la tragédie, et Fabrice ne s'en fit pas faute. Ce ne fut qu'à la pointe du jour qu'il se sépara de la petite camériste, fort contente des façons du jeune prince.

Il avait été cent fois répété que, maintenant que la Fausta
10 était d'accord avec son amant, celui-ci ne repasserait plus sous les fenêtres du petit palais que lorsqu'on pourrait l'y recevoir, et alors il y aurait signal. Mais Fabrice, amoureux de la Bettina, et se croyant près du dénoûment avec la Fausta, ne put se tenir dans son village à deux lieues de Parme. Le lendemain,
15 vers le minuit, il vint à cheval, et bien accompagné, chanter sous les fenêtres de la Fausta un air alors à la mode, et dont

il changeait les paroles. N'est-ce pas ainsi qu'en agissent messieurs les amants ? se disait-il.

20 Depuis que la Fausta avait témoigné le désir d'un rendez-vous, toute cette chasse semblait bien longue à Fabrice. Non, je n'aime point, se disait-il en chantant assez mal sous les fenêtres du petit palais ; la Bettina me semble cent fois préférable à la Fausta, et c'est par elle que je voudrais être reçu en ce moment. Fabrice, s'ennuyant assez, retournait à son

25 village, lorsque à cinq cents pas du palais de la Fausta quinze ou vingt hommes se jetèrent sur lui, quatre d'entre eux saisirent la bride de son cheval, deux autres s'emparèrent de ses bras. Ludovic et les *bravi* [147] de Fabrice furent assaillis, mais purent se sauver ; ils tirèrent quelques coups de pistolet. Tout cela fut

30 l'affaire d'un instant : cinquante flambeaux allumés parurent dans la rue en un clin d'œil et comme par enchantement. Tous ces hommes étaient bien armés. Fabrice avait sauté à bas de son cheval, malgré les gens qui le retenaient ; il chercha à se faire jour ; il blessa même un des hommes qui lui serrait les

35 bras avec des mains semblables à des étaux ; mais il fut bien étonné d'entendre cet homme lui dire du ton le plus respectueux :

— Votre Altesse me fera une bonne pension pour cette blessure, ce qui vaudra mieux pour moi que de tomber dans le crime de lèse-majesté, en tirant l'épée contre mon prince.

40 Voici justement le châtiment de ma sottise, se dit Fabrice, je me serai damné pour un péché qui ne me semblait point aimable.

A peine la petite tentative de combat fut-elle terminée, que plusieurs laquais en grande livrée parurent avec une chaise à

45 porteurs dorée et peinte d'une façon bizarre : c'était une de ces chaises grotesques dont les masques se servent pendant le carnaval. Six hommes, le poignard à la main, prièrent Son Altesse d'y entrer, lui disant que l'air frais de la nuit pourrait nuire à sa voix ; on affectait les formes les plus respectueuses ;

50 le nom de prince était répété à chaque instant, et presque en criant. Le cortège commença à défiler. Fabrice compta dans la rue plus de cinquante hommes portant des torches allumées. Il pouvait être une heure du matin, tout le monde s'était mis aux fenêtres, la chose se passait avec une certaine gravité. Je

55 craignais des coups de poignard de la part du comte M***, se dit Fabrice ; il se contente de se moquer de moi, je ne lui

---

147. *Bravi :* hommes de main.

croyais pas tant de goût. Mais pense-t-il réellement avoir affaire au prince ? s'il sait que je ne suis que Fabrice, gare les coups de dague !

60 Ces cinquante hommes portant des torches et les vingt hommes armés, après s'être longtemps arrêtés sous les fenêtres de la Fausta, allèrent parader devant les plus beaux palais de la ville. Des majordomes placés aux deux côtés de la chaise à porteurs demandaient de temps à autre à Son Altesse si elle 65 avait quelque ordre à leur donner. Fabrice ne perdit point la tête ; à l'aide de la clarté que répandaient les torches, il voyait que Ludovic et ses hommes suivaient le cortège autant que possible. Fabrice se disait : Ludovic n'a que huit ou dix hommes et n'ose attaquer. De l'intérieur de sa chaise à porteurs, 70 Fabrice voyait fort bien que les gens chargés de la mauvaise plaisanterie étaient armés jusqu'aux dents. Il affectait de rire avec les majordomes chargés de le soigner. Après plus de deux heures de marche triomphale, il vit que l'on allait passer à l'extrémité de la rue où était situé le palais Sanseverina.

75 Comme on tournait la rue qui y conduit, il ouvre avec rapidité la porte de la chaise pratiquée sur le devant, saute par-dessus l'un des bâtons, renverse d'un coup de poignard l'un des estafiers qui lui portait sa torche au visage ; il reçoit un coup de dague dans l'épaule ; un second estafier lui brûle la 80 barbe avec sa torche allumée, et enfin Fabrice arrive à Ludovic auquel il crie : *Tue ! tue tout ce qui porte des torches !* Ludovic donne des coups d'épée et le délivre de deux hommes qui s'attachaient à le poursuivre. Fabrice arrive en courant jusqu'à la porte du palais Sanseverina ; par curiosité, le portier avait 85 ouvert la petite porte haute de trois pieds pratiquée dans la grande, et regardait tout ébahi ce grand nombre de flambeaux. Fabrice entre d'un saut et ferme derrière lui cette porte en miniature ; il court au jardin et s'échappe par une porte qui donnait sur une rue solitaire. Une heure après, il était hors de 90 la ville, au jour il passait la frontière des états de Modène et se trouvait en sûreté. Le soir il entra dans Bologne. Voici une belle expédition, se dit-il ; je n'ai pas même pu parler à ma belle. Il se hâta d'écrire des lettres d'excuse au comte et à la duchesse, lettres prudentes, et qui, en peignant ce qui se passait 95 dans son cœur, ne pouvaient rien apprendre à un ennemi. J'étais amoureux de l'amour, disait-il à la duchesse ; j'ai fait tout au monde pour le connaître, mais il paraît que la nature m'a refusé un cœur pour aimer et être mélancolique ; je ne

puis m'élever plus haut que le vulgaire plaisir, etc., etc... **(97)**
100   On ne saurait donner l'idée du bruit que cette aventure fit
dans Parme. Le mystère excitait la curiosité : une infinité de
gens avaient vu les flambeaux et la chaise à porteurs. Mais quel
était cet homme enlevé et envers lequel on affectait toutes les
formes du respect ? Le lendemain aucun personnage connu ne
105 manqua dans la ville.
    Le petit peuple qui habitait la rue d'où le prisonnier s'était
échappé disait bien avoir vu un cadavre, mais au grand jour,
lorsque les habitants osèrent sortir de leurs maisons, ils ne
trouvèrent d'autres traces du combat que beaucoup de sang
110 répandu sur le pavé. Plus de vingt mille curieux vinrent visiter
la rue dans la journée. Les villes d'Italie sont accoutumées à
des spectacles singuliers, mais toujours elles savent le *pourquoi*
et le *comment*. Ce qui choque Parme dans cette occurrence,
ce fut que même un mois après, quand on cessa de parler uni-
115 quement de la promenade aux flambeaux, personne, grâce à la
prudence du comte Mosca, n'avait pu deviner le nom du rival
qui avait voulu enlever la Fausta au comte M***. Cet amant
jaloux et vindicatif avait pris la fuite dès le commencement
de la promenade. Par ordre du comte, la Fausta fut mise à la
120 citadelle. La duchesse rit beaucoup d'une petite injustice que
le comte dut se permettre pour arrêter tout à fait la curiosité
du prince, qui autrement eût pu arriver jusqu'au nom de
Fabrice.
    On voyait à Parme un savant homme arrivé du nord pour
125 écrire une histoire du moyen âge; il cherchait des manuscrits
dans les bibliothèques, et le comte lui avait donné toutes les
autorisations possibles. Mais ce savant, fort jeune encore, se
montrait irascible; il croyait, par exemple, que tout le monde à
Parme cherchait à se moquer de lui. Il est vrai que les gamins
130 des rues le suivaient quelquefois à cause d'une immense
chevelure rouge clair étalée avec orgueil. Ce savant croyait
qu'à l'auberge on lui demandait des prix exagérés de toutes
choses, et il ne payait pas la moindre bagatelle sans en chercher
le prix dans le voyage d'une Mme Starke qui est arrivé à une

---
QUESTIONS

97. Peut-on parler de l'enlèvement de Fabrice comme d'un enlèvement
« classique »? En quoi et pourquoi peut-il sembler singulier? Le quiproquo sur l'identité de Fabrice ajoute-t-il une touche humoristique? Notez
le changement de temps à la ligne 75; pourquoi intervient-il ici? Quelles
conclusions Fabrice tire-t-il de son aventure?

135 vingtième édition, parce qu'il indique à l'Anglais prudent le
prix d'un dindon, d'une pomme, d'un verre de lait, etc., etc...

Le savant à la crinière rouge, le soir même du jour où
Fabrice fit cette promenade forcée, devint furieux à son
auberge, et sortit de sa poche de *petits pistolets* pour se venger
140 du *cameriere* [148] qui lui demandait deux sous d'une pêche
médiocre. On l'arrêta, car porter de petits pistolets est un
grand crime!

Comme ce savant irascible était long et maigre, le comte
eut l'idée, le lendemain matin, de le faire passer aux yeux du
145 prince pour le téméraire qui, ayant prétendu enlever la Fausta
au comte M***, avait été mystifié. Le port des pistolets de
poche est puni de trois ans de galère à Parme; mais cette peine
n'est jamais appliquée. Après quinze jours de prison, pendant
lesquels le savant n'avait vu qu'un avocat qui lui avait fait
150 une peur horrible des lois atroces dirigées par la pusillanimité
des gens au pouvoir contre les porteurs d'armes cachées, un
autre avocat visita la prison et lui raconta la promenade infligée
par le comte M*** à un rival qui était resté inconnu. La police
ne veut pas avouer au prince qu'elle n'a pu savoir quel est ce
155 rival : Avouez que vous vouliez plaire à la Fausta, que cinquante brigands vous ont enlevé comme vous chantiez sous
sa fenêtre, que pendant une heure on vous a promené en chaise
à porteurs sans vous adresser autre chose que des honnêtetés.
Cet aveu n'a rien d'humiliant, on ne vous demande qu'un
160 mot. Aussitôt après qu'en le prononçant vous aurez tiré la
police d'embarras, elle vous embarque dans une chaise de poste
et vous conduit à la frontière où l'on vous souhaite le bonsoir.

Le savant résista pendant un mois; deux ou trois fois le
prince fut sur le point de le faire amener au ministère de l'inté-
165 rieur, et de se trouver présent à l'interrogatoire. Mais enfin il
n'y songeait plus quand l'historien, ennuyé, se détermina à
tout avouer et fut conduit à la frontière. Le prince resta
convaincu que le rival du comte M*** avait une forêt de
cheveux rouges. **(98)**

---

148. *Cameriere* : aubergiste.

─────── **QUESTIONS** ───────

98. Pourquoi cet enlèvement prend-il de telles proportions dans
Parme? Peut-on qualifier l'anecdote sur l'Anglais d'« intermède » ou
est-elle indispensable à la suite du récit? Étudiez le sens de l'observation
et l'humour de Stendhal.

170   Trois jours après la promenade comme Fabrice qui se
cachait à Bologne organisait avec le fidèle Ludovic les moyens
de trouver le comte M***, il apprit que, lui aussi, se cachait
dans un village de la montagne sur la route de Florence. Le
comte n'avait que trois de ses *buli* [149] avec lui; le lendemain,
175 au moment où il rentrait de la promenade, il fut enlevé par
huit hommes masqués qui se donnèrent à lui pour des sbires
de Parme. On le conduisit, après lui avoir bandé les yeux, dans
une auberge deux lieues plus avant dans la montagne, où il
trouva tous les égards possibles et un souper fort abondant.
180 On lui servit les meilleurs vins d'Italie et d'Espagne.

— Suis-je donc prisonnier d'état? dit le comte.

— Pas le moins du monde! lui répondit fort poliment
Ludovic masqué. Vous avez offensé un simple particulier, en
vous chargeant de le faire promener en chaise à porteurs;
185 demain matin, il veut se battre en duel avec vous. Si vous le
tuez, vous trouverez deux bons chevaux, de l'argent et des
relais préparés sur la route de Gênes.

— Quel est le nom du fier-à-bras? dit le comte irrité.

— Il se nomme *Bombace*. Vous aurez le choix des armes
190 et de bons témoins, bien loyaux, mais il faut que l'un des
deux meure!

— C'est donc un assassinat! dit le comte M***, effrayé.

— A Dieu ne plaise! c'est tout simplement un duel à mort
avec le jeune homme que vous avez promené dans les rues de
195 Parme au milieu de la nuit, et qui resterait déshonoré si vous
restiez en vie. L'un de vous deux est de trop sur la terre, ainsi
tâchez de le tuer; vous aurez des épées, des pistolets, des
sabres, toutes les armes qu'on a pu se procurer en quelques
heures, car il a fallu se presser; la police de Bologne est fort
200 diligente, comme vous pouvez le savoir, et il ne faut pas qu'elle
empêche ce duel [150] nécessaire à l'honneur du jeune homme
dont vous vous êtes moqué.

— Mais si ce jeune homme est un prince...

— C'est un simple particulier comme vous, et même beau-
205 coup moins riche que vous, mais il veut se battre à mort, et il
vous forcera à vous battre, je vous en avertis.

---

   149. *Buli* : voir note 147; **150.** Stendhal note sur l'exemplaire Chaper : « Supprimer tous les détails de ce duel, on a assez de détails. Le Martinengo promet et
fuit; il fuit de Florence, il fuit de Sienne. Enfin Fabrice le trouve dans la Judica,
restaurant de Livourne, lui jette une épée, et, par la menace de l'assassiner, le
force à se battre. Mart[inengo] se bat assez bien et est blessé ».

— Je ne crains rien au monde! s'écria M***.

— C'est ce que votre adversaire désire avec le plus de passion,
répliqua Ludovic. Demain, de grand matin, préparez-vous à
210 défendre votre vie; elle sera attaquée par un homme qui a
raison d'être fort en colère et qui ne vous ménagera pas; je
vous répète que vous aurez le choix des armes; et faites votre
testament.

Vers les six heures du matin, le lendemain, on servit à déjeu-
215 ner au comte M***, puis on ouvrit une porte de la chambre
où il était gardé, et on l'engagea à passer dans la cour d'une
auberge de campagne; cette cour était environnée de haies et
de murs assez hauts, et les portes en étaient soigneusement
fermées.

220 Dans un angle, sur une table de laquelle on invita le comte
M*** à s'approcher, il trouva quelques bouteilles de vin et
d'eau-de-vie, deux pistolets, deux épées, deux sabres, du papier
et de l'encre; une vingtaine de paysans étaient aux fenêtres
de l'auberge qui donnaient sur la cour. Le comte implora leur
225 pitié. — On veut m'assassiner! s'écriait-il; sauvez-moi la vie!

— Vous vous trompez! ou vous voulez tromper, lui cria
Fabrice qui était à l'angle opposé de la cour, à côté d'une
table chargée d'armes; il avait mis habit bas, et sa figure était
cachée par un de ces masques en fil de fer qu'on trouve dans
230 les salles d'armes.

— Je vous engage, ajouta Fabrice, à prendre le masque en
fil de fer qui est près de vous, ensuite avancez vers moi avec
une épée ou des pistolets; comme on vous l'a dit hier soir,
vous avez le choix des armes.
235 Le comte M*** élevait des difficultés sans nombre, et semblait fort contrarié de se battre; Fabrice, de son côté, redoutait
l'arrivée de la police, quoique l'on fût dans la montagne à
cinq grandes lieues de Bologne; il finit par adresser à son rival
les injures les plus atroces; enfin il eut le bonheur de mettre
240 en colère le comte M***, qui saisit une épée et marcha sur
Fabrice; le combat s'engagea assez mollement.

Après quelques minutes, il fut interrompu par un grand
bruit. Notre héros avait bien senti qu'il se jetait dans une
action, qui, pendant toute sa vie, pourrait être pour lui un
245 sujet de reproches ou du moins d'imputations calomnieuses.
Il avait expédié Ludovic dans la campagne pour lui recruter
des témoins. Ludovic donna de l'argent à des étrangers qui
travaillaient dans un bois voisin; ils accoururent en poussant

des cris, pensant qu'il s'agissait de tuer un ennemi de l'homme
250 qui payait. Arrivés à l'auberge, Ludovic les pria de regarder
de tous leurs yeux, et de voir si l'un de ces deux jeunes gens qui
se battaient, agissait en traître et prenait sur l'autre des avantages illicites.

Le combat un instant interrompu par les cris de mort des
255 paysans tardait à recommencer; Fabrice insulta de nouveau la
fatuité du comte. — Monsieur le comte, lui criait-il, quand on
est insolent, il faut être brave. Je sens que la condition est
dure pour vous, vous aimez mieux payer des gens qui sont
braves. Le comte, de nouveau piqué, se mit à lui crier qu'il
260 avait longtemps fréquenté la salle d'armes du fameux Battistin
à Naples, et qu'il allait châtier son insolence; la colère du
comte M*** ayant enfin reparu, il se battit avec assez de
fermeté, ce qui n'empêcha point Fabrice de lui donner un fort
beau coup d'épée dans la poitrine, qui le retint au lit plusieurs
265 mois. Ludovic, en donnant les premiers soins au blessé, lui
dit à l'oreille : Si vous dénoncez ce duel à la police, je vous
ferai poignarder dans votre lit. (99)

Fabrice se sauva dans Florence; comme il s'était tenu caché
à Bologne, ce fut à Florence seulement qu'il reçut toutes les
270 lettres de reproches de la duchesse; elle ne pouvait lui pardonner d'être venu à son concert et de ne pas avoir cherché
à lui parler. Fabrice fut ravi des lettres du comte Mosca, elles
respiraient une franche amitié et les sentiments les plus nobles.
Il devina que le comte avait écrit à Bologne, de façon à écarter
275 les soupçons qui pouvaient peser sur lui relativement au duel;
la police fut d'une justice parfaite : elle constata que deux
étrangers, dont l'un seulement, le blessé, était connu (le
comte M***) s'étaient battus à l'épée, devant plus de trente
paysans, au milieu desquels se trouvait vers la fin du combat
280 le curé du village qui avait fait de vains efforts pour séparer
les duellistes. Comme le nom de Joseph Bossi n'avait point
été prononcé, moins de deux mois après, Fabrice osa revenir
à Bologne, plus convaincu que jamais que sa destinée le
condamnait à ne jamais connaître la partie noble et intellec-
285 tuelle de l'amour. C'est ce qu'il se donna le plaisir d'expliquer

─────── **QUESTIONS** ───────

99. Quelle attitude adopte le comte M*** au moment de son enlèvement? Analysez l'évolution de ses sentiments face à ses ravisseurs et
confronté à un duel. A partir de ces données, dégagez les principaux traits
de son caractère. Fabrice est-il à l'aise dans la situation qu'il a créée?

fort au long à la duchesse; il était bien las de sa vie solitaire et désirait passionnément alors retrouver les charmantes soirées qu'il passait entre le comte et sa tante. Il n'avait pas revu depuis eux les douceurs de la bonne compagnie.

290 « Je me suis tant ennuyé à propos de l'amour que je voulais « me donner et de la Fausta, écrivait-il à la duchesse, que « maintenant son caprice me fût-il encore favorable, je ne « ferais pas vingt lieues pour aller la sommer de sa parole; « ainsi ne crains pas [151], comme tu me le dis, que j'aille jusqu'à
295 « Paris où je vois qu'elle débute avec un succès fou. Je ferais « toutes les lieues possibles pour passer une soirée avec toi et « avec ce comte si bon pour ses amis. » **(100) (101)**

---

151. Stendhal corrige sur l'exemplaire Chaper : « Je me suis tant ennuyé à propos de l'amour que je voulais me donner, écrivait-il à la duchesse, que je me suis pour longtemps brouillé avec cette passion. Ainsi ne crains pas... ».

──────── **QUESTIONS** ────────

100. Quelles réflexions peut-on faire devant la déformation des faits? L'autoanalyse de Fabrice; est-il lucide vis-à-vis de lui-même? Quelle leçon tire-t-il des événements?

101. Sur l'ensemble du chapitre XIII. — Comparez les deux enlèvements (manière dont ils ont été exécutés, réactions des différents personnages, etc.).
— Faites une étude parallèle de l'attitude de Fabrice et du comte M***.
— Fabrice a-t-il profité de son expérience?

DOCUMENTATION THÉMATIQUE

réunie par la Rédaction des Nouveaux Classiques Larousse

1. Jugement de Stendhal sur lui-même.

2. Stendhal chroniqueur.

3. Récits de batailles;
    3.1. La bataille de Bautzen;
    3.2. Baptême du feu au défilé de Bautzen.

4. Parallélisme des thèmes.

1. JUGEMENT DE STENDHAL SUR LUI-MÊME

◆ Stendhal, *Correspondance*.

J'ai été bien surpris, Monsieur, de l'article que vous avez bien voulu consacrer à la Chartreuse. Je vous remercie des avis plus que des louanges. Vous avez senti une pitié exagérée pour un orphelin abandonné dans la rue. Je pensais n'être pas lu avant 1880. Il aurait fallu pour être quelque chose obtenir la main de Mlle Bertin (qui a fait une musique sur les paroles de M. Victor Hugo).

J'ai reçu la revue hier soir, et ce matin je viens de réduire à quatre ou cinq pages les cinquante-quatre premières pages du premier volume de la Chartreuse.

J'avais le plaisir le plus vif à écrire ces cinquante-quatre pages, je parlais des choses que j'adore, et je n'avais jamais songé à l'art de faire un roman. J'avais fait dans ma jeunesse quelques plans de romans, et écrivant des plans je me glace. Je compose vingt ou trente pages, puis j'ai besoin de me distraire, un peu d'amour, quand je puis, ou un peu d'orgie; le lendemain matin j'ai tout oublié, et lisant les trois ou quatre dernières pages du chapitre de la veille, le chapitre du jour me vient. J'ai dicté le livre que vous protégez en soixante ou soixante-dix jours. J'étais pressé par les idées.

Je ne me doutais pas des règles. J'ai un mépris qui va jusqu'à la haine pour La Harpe. J'ai tiré les jugements portés sur ce livre, à mesure que j'avançais, de l'Histoire de la peinture. M. de La Harpe et ses sectateurs vivants, je les compare aux peintres froids après 1600. Et à l'exception de ceux que vous aimez je pense que personne ne se doutera de leurs noms vers 1950. De ceux que nous avons vus, je ne vois avec une meilleure chance que Prud'hon et l'Hospice de Jaffa, de Gros.

Je vais faire paraître au foyer de l'Opéra Rassi, Barbonné, etc. Ces messieurs sont envoyés à Paris par le prince de Parme en qualité d'espions. Le milanais serré qu'ils parlent attirent l'attention de Fabrice. N'est-ce pas un moyen d'annoncer les personnages?

Enfin tout en mettant beaucoup de vos aimables louanges sur le compte de la pitié pour un ouvrage inconnu, je suis d'accord sur tout excepté sur le style. N'allez pas croire que ce soit excès d'orgueil. Je ne vois qu'une règle : le style ne saurait être trop clair, trop simple. Les idées sur les... étant inconnues aux enrichis, aux fats, etc., etc., on ne saurait les écrire trop clairement.

Le beau style de M. de Chateaubriand me sembla ridicule dès

1802. Ce style me semble dire une quantité de petites faussetés. Vous me croirez un monstre d'orgueil, Monsieur, si j'ose vous parler du style. Voici un auteur peu connu que je porte aux nues et qui veut être loué même pour son style. D'un autre côté il ne faut rien cacher à son médecin. Je corrigerai le style, et je vous avouerai que beaucoup des passages de narration sont restés tels que je les ai dictés, sans correction aucune.

Pour que vous n'ayez pas horreur de mon esprit, je suis obligé d'entrer dans quelques détails.

Je lis fort peu; quand je lis pour me faire plaisir, je prends les Mémoires du maréchal Gouvion-Saint-Cyr. C'est là mon Homère. Je lis souvent Arioste. Deux seuls livres me donnent la sensation de bien écrit : les Dialogues des Morts de Fénelon, et Montesquieu.

J'ai horreur du style de M. Villemain, par exemple, qui ne me semble bon qu'à dire poliment des injures.

Voici le fond de ma maladie : le style de J.-J. Rousseau, de M. Villemain, ou Mᵐᵉ Sand, me semble dire une foule de choses qu'il ne faut pas dire, et souvent beaucoup de faussetés. Voilà le grand mot lâché.

Souvent je réfléchis un quart d'heure pour placer un adjectif avant ou après mon substantif. Je cherche à raconter : 1º avec vérité; 2º avec clarté ce qui se passe dans un cœur.

Je crois voir depuis un an qu'il faut quelquefois délasser le lecteur en décrivant le paysage ou les habits, etc. Quant à la beauté de la phrase, à sa rondeur, à son ombre (comme l'oraison funèbre dans Jacques le Fataliste), souvent j'y vois un défaut.

Comme en peinture, les tableaux de 1840 seront ridicules en 1880; je pense que le style poli, coulant et ne disant rien de 1840 sera fort vieilli en 1880; il sera ce que les lettres de Voiture sont pour nous.

Quant au succès contemporain je me suis dit, depuis l'Histoire de la Peinture, que je serais un candidat pour l'Académie si j'avais pu obtenir la main de Mˡˡᵉ Bertin (auteur d'une musique avec des paroles de M. Victor Hugo).

Je pense que dans cinquante ans quelque ravaudeur littéraire publiera des fragments de mes livres qui peut-être plairont comme sans affectation et peut-être comme vrais.

En dictant La Chartreuse, je pensais qu'en faisant imprimer le premier jet, j'étais plus vrai, plus naturel, plus digne de plaire en 1880, quand la société ne sera plus pavée d'enrichis grossiers, et prisant avant tout les noblions justement parce qu'ils sont ignobles.

A M. de Balzac,
Civitavecchia, 16 octobre, 1840.

2. STENDHAL CHRONIQUEUR

◆ Béatrice Didier, « Stendhal chroniqueur », *Littérature* n° 5 (Paris, Larousse, 1972).

. . . .

Cette thématique du secret et du dévoilement amène presque à coup sûr les éléments moteurs de l'intrigue que sont la conspiration, l'enquête — et son sinistre revers : la torture. La conspiration scelle un secret que l'enquête s'efforce de dévoiler. Conspiration de deux femmes dans *Béatrix Cenci*, de toute une famille dans *Vittoria*. Un pacte est prononcé — et héroïquement, car le silence devra être gardé en dépit des souffrances les plus atroces. L'enquête se termine presque toujours par une exécution, et parfois par des exécutions en cascade. Dans la description des tortures, Stendhal use à merveille de la licence que lui donne la présence du chroniqueur italien; il ne manque jamais de l'évoquer dans ces moments-là, soit qu'il s'excuse des détails qu'il donne en les mettant sur le compte du manuscrit italien, soit qu'il rappelle alors qu'il en use librement, et qu'il n'hésite pas à opérer des coupures : « Les détails qui suivent sont tolérables pour le public italien [...] qu'il suffise au lecteur français de savoir que... » En rappelant qu'il n'est que traducteur, Stendhal établit tout un subtil effet de distanciation. Comme dans le roman policier, comme dans le conte fantastique, le signe, l'indice ont une importance déterminante. Ce signe, c'est souvent, dans ce climat tragique, le sang. Un thème en particulier revient, obsédant, celui du linge taché par le sang et qui cause la mort de Béatrix Cenci, en révélant le meurtre du père — et de l'abbesse de Castro, en dévoilant la naissance de l'enfant. Le sang de Fabio, paraît-il, aurait jailli de son cadavre quand il fut transporté et passa devant la maison de Jules. Des traces de sang encore révèlent le lendemain matin à tout le couvent les batailles nocturnes qui se sont déroulées aussi bien à Castro qu'à Sainte-Riparate : le sang qui vient du couvent, lieu de la mort au monde, comme celui qui jaillit du cadavre, est un signe de scandale.
L'importance du signe chez Stendhal dépasse et de beaucoup le seul registre de l'enquête policière; il est capital dans le domaine des échanges amoureux. En effet, là où règnent le secret, le déguisement, il est un moyen de faire brusquement éclater la vérité, de provoquer l'illumination. La thématique du signe amoureux est particulièrement développée dans deux chroniques qui ont pour cadre des couvents : le signe devient l'unique moyen de communication entre celles qui vivent derrière la clôture et le monde extérieur. Tout un réseau préside à l'histoire

de *Suora scolastica;* Gennarino, depuis que Rosalinde a été enfermée dans le couvent San Riparata, vient tous les jours avec un bouquet de fleurs, dans l'espoir qu'elle l'apercevra du belvédère, « bouquet des fleurs les plus rares ». Quoique le signe, par définition, renvoie à autre chose qu'à lui-même, il se doit d'être beau. La place des deux personnages répond parfaitement aussi aux nécessités que suppose l'utilisation du signe. Rosalinde est sur le belvédère et donc domine Gennarino; inversement, il est libre, tandis qu'elle ne l'est pas. Le bouquet de Gennarino va donc permettre d'établir une communication entre la déesse et l'orant, entre la prisonnière et l'homme libre. Mais le bouquet n'est qu'un simple objet. Pour qu'il devienne pleinement signe, il faut que sa connotation soit acceptée par les deux partenaires. Stendhal a pris plaisir à peindre dans *la Chartreuse,* comme dans les *Chroniques,* ce moment où l'objet devient signe, et les hésitations de la femme lors de ce premier pas vers le consentement. Qu'on se rappelle la scène de l'abat-jour entre Fabrice et Clélia. Moins célèbre, le passage de *Suora scolastica* lui est très comparable. Et la joie de Gennarino est très proche de celle de Fabrice. « D. Gennarino éprouva un mouvement de joie marqué lorsqu'il se vit reconnu; bientôt, il lui fit des signes auxquels Rosalinde se garda bien de répondre. » Le signe autorise toute une période d'hésitations, de retours en arrière; une fois accepté, reconnu comme tel, il devient vite un élément constitutif d'un langage. Comme Fabrice et Clélia, Rosalinde et Gennarino se parlent malgré ce mur de la prison et du silence qui leur est imposé. Dans *Suora scolastica,* ils emploient le langage « par les doigts, dans les diverses positions que forment les lettres ». Ce langage crée entre eux une complicité et, du même coup, leur donne une nouvelle innocence, ce que Stendhal souligne en rappelant que c'est là « le langage des enfants ».

Dans *l'Abbesse de Castro* on trouve une scène tout à fait parente de celle-ci, plus élaborée esthétiquement, plus proche de *la Chartreuse* dont la composition s'insère très exactement entre les deux temps de la rédaction de *l'Abbesse.* Trois textes donc qui répondent au même schéma : on y voit l'utilisation par l'amant du signe amoureux, les hésitations de la femme, puis l'acceptation du signe, la joie de l'amant, enfin la création d'un langage, fruit et signe à son tour de cette collaboration, langage de connivence et d'enfance. On sent très précisément que l'on se trouve à trois niveaux différents de l'élaboration romanesque : la simple chronique avec *Suora* (dont l'inachèvement accroît peut-être le caractère un peu fruste); le plein tempo du roman dans *la Chartreuse;* quelque chose d'intermédiaire dans *l'Abbesse,* ni absolument chronique, ni vraiment roman : grande nouvelle tragique. Hélène est, elle aussi, surélevée sur son balcon, souveraine et prisonnière dans la maison paternelle; là encore le bouquet est le signe privilégié. Tout le processus est beaucoup plus explicite que dans *Suora*. Ainsi apparaît, dès le départ, ce paradoxe du signe qui est à la fois indéniable et que l'amante peut pourtant ne pas vouloir comprendre : « L'idée ne lui vint point que cet objet pût lui être présenté par quelque passant. » Il y a donc une immédiateté du signe, spontanément compris comme ne pouvant être que signe justement. Le bouquet, par lui-même éloquent, contient une lettre : le signe renferme un ensemble de signes dont il est à la fois l'image et la totalité, puisque le bouquet à lui seul prouvait cet amour que la lettre explicite. Au signe vient s'ajouter, comme dans *la Chartreuse*, toute une stratégie du regard, soulignée par des effets de lumière et d'obscurité. « Elle revint dans sa chambre et alluma sa lampe. Ce moment fut délicieux pour Jules, qui, honteux de sa démarche et comme pour se cacher dans la profondeur de la nuit, s'était collé au tronc énorme d'un de ces chênes verts... »

Dans *la Chartreuse*, Stendhal pousse encore plus loin l'exaltation de ce moment unique : la première fois qu'il existe entre deux êtres un signe reconnu comme tel par l'un et par l'autre. Il n'est pas loin de penser que c'est là le moment le plus exquis de l'amour. C'est alors que se dévoile la possibilité d'une communication comme infinie dans un futur illimité parce qu'incertain et certain à la fois : ce futur sera fait, tissé de l'amour; pourtant on ne sait rien encore des circonstances, des péripéties de cet avenir. Le « moment » si important chez Stendhal, héritier en cela de toute une psychologie du XVIIIe siècle, et de Crébillon en particulier (même si le moment stendhalien revêt ici une pureté qui interdit tout libertinage), le moment est l'exact correspondant du signe; comme le signe est un objet, un point dans l'espace, il est un point dans le temps; comme l'objet, minuscule en soi, il est immense par le sens, par l'avenir qu'il contient.

Avide de signes, voulant en semer tout au cours de la chronique, comme des phares, Stendhal, quoiqu'il privilégie le signe amoureux, ne néglige pas les autres. En dehors de l'indice policier dont nous avons déjà parlé, il recourt même au très rebattu signe de reconnaissance — ressort traditionnel de la mécanique romanesque et dramatique. Dans un fragment de *Suora scolastica*, la reine remet à Rosalinde une bague ornée d'un diamant. C'est un début de conte de fées, avec le caractère magique du diamant, accru encore par la taille du bijou et par le préjugé qu'il faudra enfreindre pour le porter (« les jeunes filles ne portent pas de diamant »). Comme dans les contes, ce cadeau va entraîner immédiatement des persécutions. Rosalinde doit garder cette bague et se refuser à un échange. Elle enverra une sœur converse munie de cette bague auprès du prince : « le duc avait reconnu la bague ». Là aussi la reconnaissance est immédiate, mais ne

peut être avouée sans beaucoup de précautions. La rapidité
de la révélation contraste avec le retard, les réticences de l'aveu.
Le prince ne dit rien. Mais il remet à la sœur, outre de l'argent,
un « portrait sacré qui vous donne le droit d'obtenir dans tous
les cas une audience de Sa Majesté ». Véritable « talisman » ;
Stendhal n'hésite pas à employer le mot dont la connotation
magique et féerique est évidente. Le signe qu'était le diamant
se multiplie en quelque sorte, engendrant un autre signe dont
le sens est plus clair et plus universel.

3. RÉCITS DE BATAILLES

On pourra comparer ces descriptions à celle de la bataille de Waterloo
que l'on trouve dans *la Chartreuse de Parme*, tome I, chap. III.

3.1. LA BATAILLE DE BAUTZEN [152], EXTRAIT TIRÉ DU *JOURNAL* DE STENDHAL.

Le 20, à deux heures du matin, fausse alerte. A onze heures,
nous montrons assez de bravoure en allant trois fois jusqu'à
nos vedettes [153], sous le feu de la place, qui était à un tiers de
portée de canon et qui pouvait nous foudroyer.
Nous allons jusqu'à un petit mamelon recouvert de blocs
de granit roulés ; à droite de là, nous voyons nos vedettes de
fort près, et nous nous retirions après un quart d'heure de
conversation avec notre poste quand nous apercevons un grand
mouvement de cavalerie, et Sa Majesté derrière nous, à la
gauche, et que le poste plie ses capotes. Le matin, les vedettes
s'étaient parlé. Nous revenons ; tout se préparait à la bataille :
les troupes filaient à gauche, suivant le mouvement de l'empereur, et à droite vers les collines boisées. J'ai toutes les peines
du monde à engager ces petites âmes à venir voir la bataille.
Nous apercevons parfaitement Bautzen du haut de la pente
vis-à-vis de laquelle il est situé. Nous voyons fort bien, de midi
à trois heures, tout ce qu'on peut voir d'une bataille, c'est-à-
dire rien. Le plaisir consiste à ce qu'on est un peu ému par la
certitude qu'on a, que là se passe une chose qu'on sait être
terrible. Le bruit majestueux du canon est pour beaucoup dans
cet effet. Il est tout à fait d'accord avec l'impression. Si le canon
produisait le bruit aigu du sifflet, il me semble qu'il n'émouvrait

---

152. Après la retraite de Russie, la Grande Armée, refluant en Saxe, rétablit
provisoirement la situation et fit, les 20 et 21 mai 1813, une victorieuse contre-
attaque à Bautzen ; 153. *Vedette :* cavalier placé en sentinelle aux avant-postes.
De là l'expression « mettre en vedette », placer un cavalier au premier plan.

pas tant. Je sens bien que le bruit du sifflet deviendrait terrible, mais jamais si beau que celui du canon.

(21 mai 1813.)

3.2. BAPTÊME DU FEU AU DÉFILÉ DE BARD [154] (*VIE DE HENRY BRULARD*, CHAP. XLV).

Nous croyions l'armée à quarante lieues en avant de nous. Tout à coup, nous la trouvâmes arrêtée par le fort de Bard. Je me vois bivouaquant à une demi-lieue du fort, à gauche de la grande route.

Le lendemain j'eus vingt-deux piqûres de cousin sur la figure et un œil tout à fait fermé.

Ici le récit se confond avec le souvenir.

Il me semble que nous fûmes arrêtés deux ou trois jours sous *Bard*.

Je redoutais les nuits à cause des piqûres de ces affreux cousins, j'eus le temps de guérir à moitié.

Le Premier Consul était-il avec nous ?

Fut-ce, comme il me semble, pendant que nous étions dans cette petite plaine sous le fort que le colonel Dufour essaya de l'emporter de vive force ? Et que deux sapeurs essayèrent de couper les chaînes du pont-levis ? Vis-je entourer de paille les roues des canons, ou bien est-ce le souvenir du récit que je trouve dans ma tête ?

La canonnade épouvantable dans ces rochers si hauts, dans une vallée si étroite, me rendait fou d'émotion.

Enfin le cap[itai]ne me dit : « Nous allons passer sur une montagne à gauche. C'est le chemin. »

J'ai appris depuis que cette montagne se nomme Albaredo.

Après une demi-lieue, j'entendis donner cet avis de bouche en bouche : « Ne tenez la bride de vos chevaux qu'avec deux doigts de la main droite afin que s'ils tombent dans le précipice ils ne vous entraînent pas.

— Diable ! il y a donc danger ! » me dis-je. [...]

On s'arrêta sur une petite plate-forme.

« Ah ! voilà qu'ils nous visent, dit le capitaine.

— Est-ce que nous sommes à portée ? dis-je au cap[itai]ne.

— Ne voilà-t-il pas mon bougre qui a déjà peur ? » me dit-il avec humeur. Il y avait sept à huit personnes.

Ce mot fut comme le chant du coq pour saint Pierre. Je rêvais, je m'approchai du bord de la plate-forme pour être plus exposé,

---

154. Le défilé de *Bard* (vallée de la Doire Baltée) était un « passage obligé » défendu par une imposante forteresse. Les Autrichiens y occupaient une position stratégique privilégiée pour attaquer les Français.

et quand il continua la route je traînai quelques minutes pour montrer [mon] courage. Voici comment je vis le feu pour la première fois.

C'était une espèce de pucelage qui me pesait autant que l'autre.

4. Parallélisme de thèmes

◆ L'entrée dans le monde : *le Rouge et le Noir*, tome II, chap. ii.

Julien s'arrêtait ébahi au milieu de la cour.

« Ayez donc l'air raisonnable, dit l'abbé Pirard; il vous vient des idées horribles, et puis vous n'êtes qu'un enfant! Où est le *nil mirari* d'Horace? (Jamais d'enthousiasme.) Songez que ce peuple de laquais, vous voyant établi ici, va chercher à se moquer de vous; ils verront en vous un égal, mis injustement au-dessus d'eux. Sous les dehors de la bonhomie, des bons conseils, du désir de vous guider, ils vont essayer de vous faire tomber dans quelque grosse balourdise.

— Je les en défie », dit Julien en se mordant la lèvre, et il reprit toute sa méfiance.

Les salons que ces messieurs traversèrent au premier étage, avant d'arriver au cabinet du marquis, vous eussent semblé, ô mon lecteur, aussi tristes que magnifiques. On vous les donnerait tels qu'ils sont, que vous refuseriez de les habiter; c'est la patrie du bâillement et du raisonnement triste. Ils redoublèrent l'enchantement de Julien. Comment peut-on être malheureux, pensait-il, quand on habite un séjour aussi splendide!

Enfin, ces messieurs arrivèrent à la plus laide des pièces de ce superbe appartement : à peine s'il y faisait jour; là, se trouva un petit homme maigre, à l'œil vif et en perruque blonde. L'abbé se retourna vers Julien et le présenta. C'était le marquis. Julien eut beaucoup de peine à le reconnaître, tant il lui trouva l'air poli. Ce n'était plus le grand seigneur, à mine si altière, de l'abbaye de Bray-le-Haut. Il sembla à Julien que sa perruque avait beaucoup trop de cheveux. A l'aide de cette sensation, il ne fut point du tout intimidé. Le descendant de l'ami de Henri III lui parut d'abord avoir une tournure assez mesquine. Il était fort maigre et s'agitait beaucoup. Mais il remarqua bientôt que le marquis avait une politesse encore plus agréable à l'interlocuteur que celle de l'évêque de Besançon lui-même. L'audience ne dura pas trois minutes. En sortant, l'abbé dit à Julien :

« Vous avez regardé le marquis, comme vous eussiez fait un tableau. Je ne suis pas un grand grec dans ce que ces gens-ci appellent la politesse, bientôt vous en saurez plus que moi; mais enfin la hardiesse de votre regard m'a semblé peu polie. »

On était remonté en fiacre; le cocher arrêta près du boulevard; l'abbé introduisit Julien dans une suite de grands salons. Julien remarqua qu'il n'y avait pas de meubles. Il regardait une magnifique pendule dorée, représentant un sujet très indécent selon lui, lorsqu'un monsieur fort élégant s'approcha d'un air riant. Julien fit un demi-salut.

Le monsieur sourit et lui mit la main sur l'épaule. Julien tressaillit et fit un saut en arrière. Il rougit de colère. L'abbé Pirard, malgré sa gravité, rit aux larmes. Le monsieur était un tailleur.

« Je vous rends votre liberté pour deux jours, lui dit l'abbé en sortant; c'est alors seulement que vous pourrez être présenté à Mme de La Mole. Un autre vous garderait comme une jeune fille, en ces premiers moments de votre séjour dans cette nouvelle Babylone. Perdez-vous tout de suite, si vous avez à vous perdre, et je serai délivré de la faiblesse que j'ai de penser à vous. Après-demain matin, ce tailleur vous portera deux habits; vous donnerez cinq francs au garçon qui vous les essaiera. Du reste, ne faites pas connaître le son de votre voix à ces Parisiens-là. Si vous dites un mot, ils trouveront le secret de se moquer de vous. C'est leur talent. Après-demain soyez chez moi à midi... Allez, perdez-vous... J'oubliais, allez commander des bottes, des chemises, un chapeau aux adresses que voici. »

Julien regardait l'écriture de ces adresses.

◆ La figure du père : *le Rouge et le Noir*, tome I, chap. IV.

Ma femme a réellement beaucoup de tête! se disait, le lendemain à six heures du matin, le maire de Verrières, en descendant à la scie du père Sorel. Quoi que je lui aie dit, pour conserver la supériorité qui m'appartient, je n'avais pas songé que si je ne prends pas ce petit abbé Sorel, qui, dit-on, sait le latin comme un ange, le directeur du dépôt, cette âme sans repos, pourrait bien avoir la même idée que moi et me l'enlever. Avec quel ton de suffisance il parlerait du précepteur de ses enfants!... Ce précepteur, une fois à moi, portera-t-il la soutane ?

M. de Rênal était absorbé dans ce doute, lorsqu'il vit de loin un paysan, homme de près de six pieds, qui, dès le petit jour, semblait fort occupé à mesurer des pièces de bois déposées le long du Doubs, sur le chemin de halage. Le paysan n'eut pas l'air fort satisfait de voir approcher M. le maire; car ses pièces de bois obstruaient le chemin, et étaient déposées là en contravention.

Le père Sorel, car c'était lui, fut très surpris et encore plus content de la singulière proposition que M. de Rênal lui faisait pour son fils Julien. Il ne l'en écouta pas moins avec cet air de tristesse mécontente et de désintérêt dont sait si bien se revêtir la finesse des habitants de ces montagnes. Esclaves du temps de la domination espagnole, ils conservent encore ce trait de la physionomie du fellah de l'Égypte.

La réponse de Sorel ne fut d'abord que la longue récitation de toutes les formules de respect qu'il savait par cœur. Pendant qu'il répétait ces vaines paroles, avec un sourire gauche qui augmentait l'air de fausseté et presque de friponnerie naturel à sa physionomie, l'esprit actif du vieux paysan cherchait à découvrir quelle raison pouvait porter un homme aussi considérable à prendre chez lui son vaurien de fils. Il était fort mécontent de Julien, et c'était pour lui que M. de Rênal lui offrait le gage inespéré de 300 francs par an, avec la nourriture et même l'habillement. Cette dernière prétention que le père Sorel avait eu le génie de mettre en avant subitement, avait été accordée de même par M. de Rênal.

Cette demande frappa le maire. Puisque Sorel n'est pas ravi et comblé de ma proposition, comme naturellement il devrait l'être, il est clair, se dit-il, qu'on lui a fait des offres d'un autre côté; et de qui peuvent-elles venir, si ce n'est du Valenod? Ce fut en vain que M. de Rênal pressa Sorel de conclure sur-le-champ : l'astuce du vieux paysan s'y refusa opiniâtrement; il voulait, disait-il, consulter son fils, comme si, en province, un père riche consultait un fils qui n'a rien, autrement que pour la forme.

Une scie à eau se compose d'un hangar au bord d'un ruisseau. Le toit est soutenu par une charpente qui porte sur quatre gros piliers en bois. A huit ou dix pieds d'élévation, au milieu du hangar, on voit une scie qui monte et descend, tandis qu'un mécanisme fort simple pousse contre cette scie une pièce de bois. C'est une roue mise en mouvement par le ruisseau qui fait aller ce double mécanisme; celui de la scie qui monte et descend, et celui qui pousse doucement la pièce de bois vers la scie, qui la débite en planches.

En approchant de son usine, le père Sorel appela Julien de sa voix de stentor; personne ne répondit. Il ne vit que ses fils aînés, espèce de géants qui, armés de lourdes haches, équarrissaient les troncs de sapin, qu'ils allaient porter à la scie. Tout occupés à suivre exactement la marque noire tracée sur la pièce de bois, chaque coup de leur hache en séparait des copeaux énormes. Ils n'entendirent pas la voix de leur père. Celui-ci se dirigea vers le hangar; en y entrant, il chercha vainement Julien à la place qu'il aurait dû occuper, à côté de la scie. Il l'aperçut à cinq ou six pieds plus haut, à cheval sur l'une des pièces de la toiture. Au lieu de surveiller attentivement l'action de tout le mécanisme, Julien lisait. Rien n'était plus antipathique au vieux Sorel; il eût peut-être pardonné à Julien sa taille mince, peu propre aux travaux de force, et si différente de celle de ses aînés ; mais cette manie de lecture lui était odieuse, il ne savait pas lire lui-même.

Ce fut en vain qu'il appela Julien deux ou trois fois. L'attention que le jeune homme donnait à son livre, bien plus que le bruit de la scie, l'empêcha d'entendre la terrible voix de son père. Enfin, malgré son âge, celui-ci sauta lestement sur l'arbre soumis à l'action de la scie, et de là sur la poutre transversale qui soutenait le toit. Un coup violent fit voler dans le ruisseau le livre que tenait Julien ; un second coup aussi violent, donné sur la tête, en forme de calotte, lui fit perdre l'équilibre. Il allait tomber à douze ou quinze pieds plus bas, au milieu des leviers de la machine en action, qui l'eussent brisé, mais son père le retint de la main gauche, comme il tombait :

— Eh bien, paresseux ! tu liras donc toujours tes maudits livres, pendant que tu es de garde à la scie ? Lis-les le soir, quand tu vas perdre ton temps chez le curé, à la bonne heure.

Julien, quoique étourdi par la force du coup, et tout sanglant, se rapprocha de son poste officiel, à côté de la scie. Il avait les larmes aux yeux, moins à cause de la douleur physique que pour la perte de son livre qu'il adorait.

« Descends, animal, que je te parle. » Le bruit de la machine empêcha encore Julien d'entendre cet ordre. Son père qui était descendu, ne voulant pas se donner la peine de remonter sur le mécanisme, alla chercher une longue perche pour abattre des noix, et l'en frappa sur l'épaule. A peine Julien fut-il à terre, que le vieux Sorel, le chassant rudement devant lui, le poussa vers la maison. Dieu sait ce qu'il va me faire ! se disait le jeune homme. En passant, il regarda tristement le ruisseau où était tombé son livre ; c'était celui de tous qu'il affectionnait le plus, le *Mémorial de Sainte-Hélène*. [...]

[...] Dès sa première jeunesse, son air extrêmement pensif et sa grande pâleur avaient donné l'idée à son père qu'il ne vivrait pas, ou qu'il vivrait pour être une charge à sa famille. Objet des mépris de tous à la maison, il haïssait ses frères et son père ; dans les jeux du dimanche, sur la place publique, il était toujours battu. [...]

◆ *Vie de Henry Brulard*, chap. VII.

[...] La famille était enfin composée de mon père.

Joseph Chérubin Beyle, avocat au Parlement, depuis ultra et chevalier de la Légion d'honneur, adjoint au maire de Grenoble, mort en 1819 à soixante-douze ans, dit-on ; ce qui le suppose né en 1747. Il avait donc en 1790 quarante-trois ans.

C'était un homme extrêmement peu aimable, réfléchissant toujours à des acquisitions et à des ventes de domaines, excessivement fin, accoutumé à vendre aux paysans et à acheter d'eux, archi-Dauphinois. Il n'y avait rien de moins espagnol et de moins follement noble que cette âme-là, aussi était-il antipathique à ma tante Élisabeth. Il était de plus excessivement ridé et laid, et déconcerté et silencieux avec les femmes qui pourtant lui étaient nécessaires.

Cette dernière qualité lui avait donné l'intelligence de la *Nouvelle Héloïse* et des autres ouvrages de Rousseau dont il ne parlait qu'avec adoration tout en le maudissant comme impie, car la mort de ma mère le jeta dans la plus haute et la plus absurde dévotion. Il s'imposa l'obligation de dire tous les offices du prêtre, il fut même question pendant trois ou quatre ans de son entrée dans les ordres, et probablement il fut retenu par le désir de me laisser sa place d'avocat; il allait être *consistorial*, c'était une distinction noble parmi les avocats dont il parlait comme un jeune lieutenant de grenadiers parle de la croix. Il ne m'aimait pas comme individu mais comme fils devant continuer sa famille.

Il aurait été bien difficile qu'il m'aimât : 1° il voyait clairement que je ne l'aimais point, jamais je ne lui parlais sans nécessité car il était étranger à toutes ces belles idées littéraires et philosophiques qui faisaient la base de mes questions à mon grand-père et des excellentes réponses de ce vieillard aimable. Je le voyais fort peu. Ma passion pour quitter Grenoble, c'est-à-dire lui, et ma passion pour les mathématiques, seul moyen que j'eusse de quitter cette ville que j'abhorrais et que je hais encore, car c'est là que j'ai appris à connaître les hommes, ma passion mathématique me jeta dans une profonde solitude de 1797 à 1799. Je puis dire avoir travaillé pendant ces deux années et même pendant une partie de 1796 comme Michel-Ange travailla à la Sixtine. [...]

[...] Jamais peut-être le hasard n'a rassemblé deux êtres plus foncièrement antipathiques que mon père et moi.

De là l'absence de tout plaisir dans mon enfance, de 1790 à 1799. Cet âge, que la voix de tous dit être celle des vrais plaisirs de la vie, grâce à mon père n'a été pour moi qu'une suite de douleurs amères et de dégoûts. Deux diables étaient déchaînés contre ma pauvre enfance, ma tante Séraphie et mon père qui dès 1791 devint son esclave. [...]

◆ La jalousie : *le Rouge et le Noir*, tome I, chap. XXI.

Depuis l'instant qu'il avait ouvert la lettre anonyme, l'existence de M. de Rênal avait été affreuse. Il n'avait pas été aussi agité depuis un duel qu'il avait failli avoir en 1816, et, pour lui rendre justice, alors la perspective de recevoir une balle l'avait rendu moins malheureux. Il examinait la lettre dans tous les sens : N'est-ce pas là une écriture de femme? se disait-il. En ce cas, quelle femme l'a écrite? Il passait en revue toutes celles qu'il connaissait à Verrières, sans pouvoir fixer ses soupçons. Un homme aurait-il dicté cette lettre? quel est cet homme? Ici pareille incertitude; il était jalousé et sans doute haï de la plupart de ceux qu'il connaissait. Il faut consulter ma femme, se dit-il par habitude, en se levant du fauteuil où il était abîmé.

A peine levé, — grand Dieu! dit-il en se frappant la tête, c'est d'elle surtout qu'il faut que je me méfie; elle est mon ennemie en ce moment. Et, de colère, les larmes lui vinrent aux yeux.

Par une juste compensation de la sécheresse de cœur qui fait toute la sagesse pratique de la province, les deux hommes que, dans ce moment M. de Rênal redoutait le plus, étaient ses deux amis les plus intimes.

Après ceux-là, j'ai dix amis peut-être, et il les passa en revue, estimant à mesure le degré de consolation qu'il pourrait tirer de chacun. A tous! à tous! s'écria-t-il avec rage, mon affreuse aventure fera le plus extrême plaisir. Par bonheur, il se croyait fort envié, non sans raison. Outre sa superbe maison de la ville, que le roi de*** venait d'honorer à jamais en y couchant, il avait fort bien arrangé son château de Vergy. La façade était peinte en blanc, et les fenêtres garnies de beaux volets verts. Il fut un instant consolé par l'idée de cette magnificence. Le fait est que ce château était aperçu de trois ou quatre lieues de distance, au grand détriment de toutes les maisons de campagne ou soi-disant châteaux du voisinage, auxquels on avait laissé l'humble couleur grise donnée par le temps.

M. de Rênal pouvait compter sur les larmes et la pitié d'un de ses amis, le marguillier de la paroisse; mais c'était un imbécile qui pleurait de tout. Cet homme était cependant sa seule ressource.

Quel malheur est comparable au mien! s'écria-t-il avec rage; quel isolement!

Est-il possible! se disait cet homme vraiment à plaindre, est-il possible que, dans mon infortune, je n'aie pas un ami à qui demander conseil? car ma raison s'égare, je le sens! Ah! Falcoz! ah! Ducros! s'écria-t-il avec amertume. C'étaient les noms de deux amis d'enfance qu'il avait éloignés par ses hauteurs en 1814. Ils n'étaient pas nobles, et il avait voulu changer le ton d'égalité sur lequel ils vivaient depuis l'enfance. L'un d'eux, Falcoz, homme d'esprit et de cœur, marchand de papier à Verrières, avait acheté une imprimerie dans le chef-lieu du département et entrepris un journal. La congré-gation avait résolu de le ruiner : son journal avait été condamné, son brevet d'imprimeur lui avait été retiré. Dans ces tristes circonstances, il essaya d'écrire à M. de Rênal pour la première fois depuis dix ans. Le maire de Verrières crut devoir répondre en vieux Romain : « Si le ministre du roi me faisait l'honneur de me consulter je lui dirais : Ruinez sans pitié tous les imprimeurs de province, et mettez l'imprimerie en monopole comme le tabac. » Cette lettre à un ami intime, que tout Verrières admira dans le temps, M. de Rênal s'en rappelait les termes avec horreur. Qui m'eût dit qu'avec mon rang, ma fortune, mes croix, je le regretterais un jour? Ce fut dans ces transports de colère, tantôt contre lui-même, tantôt contre tout ce qui l'entourait, qu'il passa une nuit affreuse; mais, par bonheur, il n'eut pas l'idée d'épier sa femme.

Je suis accoutumé à Louise, se disait-il, elle sait toutes mes affaires; je serais libre de me marier demain que je ne trouverais pas à la remplacer. Alors, il se complaisait dans l'idée que sa femme était innocente; cette façon de voir ne le mettait pas dans la nécessité de montrer du caractère et l'arrangeait bien mieux; combien de femmes calomniées n'a-t-on pas vues!

Mais quoi! s'écriait-il tout à coup en marchant d'un pas convulsif, souffrirai-je comme si j'étais un homme de rien, un va-nu-pieds, qu'elle se moque de moi avec son amant! Faudra-t-il que tout Verrières fasse des gorges chaudes sur ma débonnaireté? Que n'a-t-on pas dit de Charmier (c'était un mari notoirement trompé du pays)? Quand on le nomme le sourire n'est-il pas sur toutes les lèvres? Il est bon avocat, qui est-ce qui parle jamais de son talent pour la parole? Ah! Charmier! dit-on, le Charmier de Bernard, on le désigne ainsi par le nom de l'homme qui fait son opprobre.

Grâce au ciel, disait M. de Rênal dans d'autres moments, je n'ai point de fille, et la façon dont je vais punir la mère ne nuira point à l'établissement de mes enfants; je puis surprendre ce petit paysan avec ma femme, et les tuer tous les deux; dans ce cas, le tragique de l'aventure en ôtera peut-être le ridicule. Cette idée lui sourit; il la suivit dans tous ses détails. Le Code pénal est pour moi, et, quoi qu'il arrive, notre congrégation et mes amis du jury me sauveront. Il examina son couteau de chasse, qui était fort tranchant; mais l'idée du sang lui fit peur.

Je puis rouer de coups ce précepteur insolent et le chasser; mais quel éclat dans Verrières et même dans tout le département! Après la condamnation du journal de Falcoz, quand son rédacteur en chef sortit de prison, je contribuai à lui faire perdre sa place de six cents francs. On dit que cet écrivailleur ose se remontrer dans Besançon, il peut me tympaniser avec adresse, et de façon à ce qu'il soit impossible de l'amener devant les tribunaux. L'amener devant les tribunaux!... L'insolent insinuera de mille façons qu'il a dit vrai. Un homme bien né qui tient son rang comme moi, est haï de tous les plébéiens. Je me verrai dans ces affreux journaux de Paris; ô mon Dieu! quel abîme! voir l'antique nom de Rênal plongé dans la fange du ridicule... Si je voyage jamais, il faudra changer de nom; quoi! quitter ce nom qui fait ma gloire et ma force. Quel comble de misère!

Si je ne tue pas ma femme, et que je la chasse avec ignominie, elle a sa tante à Besançon, qui lui donnera de la main à la main toute sa fortune. Ma femme ira vivre à Paris avec Julien; on le saura à Verrières, et je serai encore pris pour dupe. Cet homme malheureux s'aperçut alors, à la pâleur de sa lampe, que le jour commençait à paraître. Il alla chercher un peu d'air frais au jardin. En ce moment, il était presque résolu à ne point faire d'éclat, par cette idée surtout qu'un éclat comblerait de joie ses bons amis de Verrières.

La promenade au jardin le calma un peu. Non, s'écria-t-il, je ne me priverai point de ma femme, elle m'est trop utile. Il se figura avec horreur ce que serait sa maison sans sa femme; il n'avait pour toute parente que la marquise de R..., vieille, imbécile et méchante.

Une idée d'un grand sens lui apparut, mais l'exécution demandait une force de caractère bien supérieure au peu que le pauvre homme en avait. Si je garde ma femme, se dit-il, je me connais, un jour, dans un moment où elle m'impatientera, je lui reprocherai sa faute. Elle est fière, nous nous brouillerons, et tout cela arrivera avant qu'elle n'ait hérité de sa tante. Alors, comme on se moquera de moi! Ma femme aime ses enfants, tout finira par leur revenir. Mais moi, je serai la fable de Verrières. Quoi, diront-ils, il n'a pas su même se venger de sa femme! Ne vaudrait-il pas mieux m'en tenir aux soupçons et ne rien vérifier? Alors je me lie les mains, je ne puis par la suite lui rien reprocher.

Un instant après, M. de Rênal, repris par la vanité blessée, se rappelait laborieusement tous les moyens cités au billard du *Casino* ou *Cercle noble* de Verrières, quand quelque beau parleur interrompt la poule pour s'égayer aux dépens d'un mari trompé. Combien, en cet instant, ces plaisanteries lui paraissaient cruelles!

Dieu! que ma femme n'est-elle morte! alors je serais inattaquable au ridicule. Que ne suis-je veuf! J'irai passer six mois à Paris dans les meilleures sociétés. Après ce moment de bonheur donné par l'idée du veuvage, son imagination en revint aux moyens de s'assurer de la vérité. Répandrait-il à minuit, après que tout le monde serait couché, une légère couche de son devant la porte de la chambre de Julien : le lendemain matin, au jour, il verrait l'impression des pas.

Mais ce moyen ne vaut rien, s'écria-t-il tout à coup avec rage, cette coquine d'Élisa s'en apercevrait, et l'on saurait bientôt dans la maison que je suis jaloux.

Dans un autre conte fait au *Casino*, un mari s'était assuré de sa mésaventure en attachant avec un peu de cire un cheveu qui fermait comme un scellé la porte de sa femme et celle du galant. Après tant d'heures d'incertitudes, ce moyen d'éclaircir son sort lui semblait décidément le meilleur, et il songeait à s'en servir, lorsqu'au détour d'une allée, il rencontra cette femme qu'il eût voulu voir morte.

◆ L'isolement sur les hauteurs : *le Rouge et le Noir*, tome I, chap. XII.

[...] Pendant que Mme de Rênal était en proie à ce qu'a de plus cruel la passion terrible dans laquelle le hasard l'avait engagée, Julien poursuivait son chemin gaiement au milieu des plus beaux aspects que puissent présenter les scènes de montagnes. Il fallait traverser la grande chaîne au nord de Vergy. Le sentier qu'il suivait, s'élevant peu à peu parmi de grands bois de hêtres, forme des zigzags infinis sur la pente de la haute montagne qui dessine au nord la vallée du Doubs. Bientôt les regards du voyageur, passant par-dessus les coteaux moins élevés qui contiennent le cours du Doubs vers le midi, s'étendirent jusqu'aux plaines fertiles de la Bourgogne et du Beaujolais. Quelque insensible que l'âme de ce jeune ambitieux fût à ce genre de beauté, il ne pouvait s'empêcher de s'arrêter de temps à autre pour regarder un spectacle si vaste et si imposant. Enfin il atteignit le sommet de la grande montagne, près duquel il fallait passer pour arriver, par cette route de traverse, à la vallée solitaire, qu'habitait Fouqué, le jeune marchand de bois son ami. Julien n'était point pressé de le voir, lui ni aucun autre être humain. Caché comme un oiseau de proie, au milieu des roches nues qui couronnent la grande montagne, il pouvait apercevoir de bien loin tout homme qui se serait approché de lui. Il découvrit une petite grotte au milieu de la pente presque verticale d'un des rochers. Il prit sa course, et bientôt fut établi dans cette retraite. « Ici, dit-il, avec des yeux brillants de joie, les hommes ne sauraient me faire de mal. » Il eut l'idée de se livrer au plaisir d'écrire ses pensées, partout ailleurs si dangereux pour lui. Une pierre carrée lui servait de pupitre. Sa plume volait : il ne voyait rien de ce qui l'entourait. Il remarqua enfin que le soleil se couchait derrière les montagnes éloignées du Beaujolais.
« Pourquoi ne passerais-je pas la nuit ici ? se dit-il, j'ai du pain, et *je suis libre !* » Au son de ce grand mot son âme s'exalta, son hypocrisie faisait qu'il n'était pas libre même chez Fouqué. La tête appuyée sur les deux mains, Julien resta dans cette grotte plus heureux qu'il ne l'avait été de la vie, agité par ses

rêveries et par son bonheur de liberté. Sans y songer il vit s'éteindre, l'un après l'autre, tous les rayons du crépuscule. Au milieu de cette obscurité immense, son âme s'égarait dans la contemplation de ce qu'il s'imaginait rencontrer un jour à Paris. C'était d'abord une femme bien plus belle et d'un génie bien plus élevé que tout ce qu'il avait pu voir en province. Il aimait avec passion, il était aimé. S'il se séparait d'elle pour quelques instants, c'était pour aller se couvrir de gloire et mériter d'en être encore plus aimé.

Même en lui supposant l'imagination de Julien, un jeune homme élevé au milieu des tristes vérités de la société de Paris eût été réveillé à ce point de son roman par la froide ironie; les grandes actions auraient disparu avec l'espoir d'y atteindre, pour faire place à la maxime si connue : « Quitte-t-on sa maîtresse, on risque, hélas! d'être trompé deux ou trois fois par jour. » Le jeune paysan ne voyait rien entre lui et les actions les plus héroïques, que le manque d'occasion.

Mais une nuit profonde avait remplacé le jour, et il avait encore deux lieues à faire pour descendre au hameau habité par Fouqué. Avant de quitter la petite grotte, Julien alluma du feu et brûla avec soin tout ce qu'il avait écrit.

TABLE DES MATIÈRES

Mame Imprimeurs - 37000 Tours.
Dépôt légal Avril 1974. – N° 21929. – N° de série Éditeur 14929.
IMPRIMÉ EN FRANCE *(Printed in France)*. – 870 173 H Mai 1989.